Elke Schwarzer

ulmer

Mein Schmetterlingsgarten

Schöne Pflanzen für Falter und Raupe

Schmetterlingen über die Flügel geschaut

Dieses Buch haben Sie dem Aurorafalter zu verdanken, der meinen Reihenhausgarten zu seiner Kinderstube auserkoren hat. Viele Schmetterlinge finden nämlich auch ohne viel Aufhebens ein Plätzchen – und die Idee zu einem Buch war geboren. Und damit Sie auch wissen, mit wem Sie es zu tun haben, wollte ich die Arten, die in Gärten häufig sind, von der Raupe bis zum Falter porträtieren.

Heftig habe ich mir die Finger verbrannt, als ich Brennnesseln gedreht und gewendet, in zusammengesponnene Blätter gespickt und meistens doch nur entnervte Raupen vom Brennnesselzünsler gefunden habe. Immer mal wieder waren aber auch die Big Five der Brennnesselverkoster dabei: Admiral, Kleiner Fuchs, Tagpfauenauge, Landkärtchen und C-Falter. Die Suche nach Raupen des Nierenfleck-Zipfelfalters erwies sich dagegen als überraschend schwierig, obwohl ich im Winter jedes Ei an den Schlehenhecken der Umgebung persönlich kannte. Doch man staunt, wie unübersichtlich Sträucher im Mai werden können, deren Äste man noch im März an einer Hand abzählen kann. Bald war ich allerdings richtig gut im Aufspüren von Aurorafaltern in allen Lebenslagen: Ich fand erst die Eier, dann die Raupen – reichlich. Auch die Tarnung der Zitronenfalterlarven flog rasch auf. Die Vögel hätten mir Provision zahlen können, so viele Raupen habe ich entdeckt – auch im Garten. Denn so mancher Schmetterling kann durchaus in unserem Grün leben, wenn er die richtigen Futterpflanzen vorfindet.

Helfen Sie in Ihrem Garten mit, dass auch weiterhin Schmetterlinge durch die Lande gondeln – dieses Buch zeigt Ihnen, wie es geht. Es enthält Pflanzvorschläge, die sich in jedem Garten unterbringen lassen und gut aussehen. Vielleicht entdecken Sie dann auch bald Raupen in Ihrem Garten?

» Der Weg zum Schmetterlingsgarten: Wilde Karden, Malven und Nachtkerzen locken sowohl die Tag- als auch die Nachtschicht an.

Es flattert im Buch

Ein Garten für Schmetterlinge

Allium senescens im September mit Tagpfauenaugen und Honigbienen.

Bunte Schmetterlinge sind die Prominenz unter den Insekten und immer gern gesehen. Doch wie machen wir unseren Garten möglichst einladend für die Rüsseltiere? Hier erfahren Sie, was Sie für die Falter tun können.

Gärten als Zuflucht für Falter

Wir können nicht mal eben kurz die Welt retten, aber unsere grünen Oasen werden ganz einfach zu einem bunten, flatterhaften Ort, an dem sich Schmetterlinge ansiedeln.

Früher war alles besser? Zumindest gab es früher wirklich mehr bunte Schmetterlinge. Woran liegt es, dass wir selbst häufige Falter seltener sehen? Da ist zum einen die moderne Landwirtschaft, auf die in Sachen Schmetterlingsschutz leider kein Verlass mehr ist, denn auf Maisäckern blühen keine Blumen, Pestizide verhindern bunte Ackerrandstreifen, und Viehweiden sind oft so überdüngt, dass dort fast nur noch Pflanzen wachsen, die Raupen nicht mögen. Aber auch in vielen Stadtparks sind Blumenwiesen selten und es wird zu oft gemäht. In den Innenstädten werden blütenreiche Brachen oder bunte Schrebergartenanlagen zu Bauland.

Alles muss man selber machen: Im Garten entscheiden wir, welche Futterpflanzen wir einsetzen, wann wir die Blumenwiese mähen oder unsere Gehölze schneiden. Auf Dünger in der Wiese verzichten wir, Pestizide kommen nicht zum Einsatz.

Welche Arten können wir im Garten erwarten?

Wenn es doch nur so einfach wäre: Wir pflanzen Äpfel und Birnen und schon kommen Baum-Weißling oder Abendpfauenauge, an der Fetthenne tummelt sich der Apollofalter. In der Realität sind viele Falter so selten oder haben so hohe Ansprüche an ihren Lebensraum, dass sie kaum einmal im Garten erscheinen werden. Andere dagegen sind Wanderfalter und kommen früher oder später sowieso bei uns vorbei, wie Admiral, Großer Kohlweißling, Taubenschwänzchen oder Distelfalter. Ihnen kann man mit den richtigen Pflanzen Anreize zur Eiablage geben.

Nachtfalter arbeiten im Verborgenen und man entdeckt sie eher zufällig. Sie werden gern als lichtscheues Gesindel abgetan, dabei sind wahre Schönheiten darunter. Meist sieht man nur ihre Raupen, zum Beispiel beim Wühlen in der Laubstreu, wenn wir im Frühjahr ungeduldig nach dem Austrieb der Stauden fahnden. Dicke Schwärmerraupen sind dabei die Highlights im Garten, leicht erkennbar an dem Horn am Hinterende. Die Falter sind beeindruckende Gestalten im windschnittigen Design. Am ehesten finden wir die hübschen Raupen vom Mittleren Weinschwärmer, der von unserer Liebe zu Fuchsien profitiert. Der Ligusterschwärmer nascht nachts am Wald-Geißblatt und legt vielleicht Eier an seiner namensgebenden Futterpflanze. Häufig im Garten sind auch Eulenfalter, leicht erkennbar ist die tagsüber fliegende Gammaeule.

Grenzt Ihr Garten an einen Wald, können Sie mit ein paar Bäumen und heimischen Gräsern das Waldbrettspiel (*Pararge aegeria*) oder mit Veilchen den Kaisermantel über die grüne Grenze locken. Sind Wiesen in der Nähe, schauen Dickkopffalter, Kleines Wiesenvögelchen oder Bläulinge vorbei. Schornsteinfeger und Ochsenauge leben sogar in Städten, wenn sie ein bisschen Wildwuchs mit Gräsern finden.

Helfen Sie auch häufigen Faltern, denn selbst sie werden seltener. Der Große Kohl-

Der John Travolta unter den Langhornmotten: *Adela reaumurella*, die den Garten mit glitzernden Flügeln und ihrer Kunstfliegerstaffel in eine Dorfdisco verwandelt.

Die Langhornmotte *Nemophora degeerella* lebt in meinem Garten, ihre Raupe in der Laubstreu.

Achateulen sind nicht wählerisch, hier hockt eine quietschgrüne Raupe auf austreibender Japan-Anemone.

weißling etwa, der früher ganze Generationen von Gartenbesitzern beim Kohlanbau in den Wahnsinn getrieben hat und in großen Schwärmen durch die Lande zog, flattert heutzutage in vielen Regionen nur noch selten herum. Auch Kleinvieh macht Mist: Miniflieger wie Sackträger, Purpurroter Zünsler oder Langhornmotten erscheinen oft im Garten. Man muss sie nur finden – und sich darüber freuen.

Ob die Falter die in diesem Buch vorgestellten Raupenfutterpflanzen auch wirklich anrühren, hängt u. a. von individuellen Vorlieben ab – vor allem beim Distelfalter, der sich in der Theorie quer durch den Garten fressen könnte, mögen verschiedene Sippen verschiedene Futterpflanzen und sind dann im Garten vielleicht wählerische Kostverächter. Bei der Vorliebe für bestimmtes Grünzeug ist die Raupe ganz die Mama – sie wird auch als Schmetterling am liebsten nach den Pflanzen suchen, an denen sie selbst groß geworden ist.

Die Geister, die ich rief

Werden die Raupen unsere Gastfreundschaft schamlos ausnutzen? Keine Sorge, Sie werden nicht die Motten kriegen, denn die meisten Arten können sich benehmen. Im Gegenteil: Es ist schwer genug, die Raupen überhaupt einmal zu finden, so diskret arbeiten sie. Deshalb kann man die Falterarten mit grasfressenden Raupen auch nicht als Rasenmäher benutzen. Lediglich manche Gespinstmotten führen zu unangenehmem Kahlraß an Pfaffenhütchen oder Traubenkirsche. Hier hilft es, den Befall frühzeitig zu erkennen und die Raupennester herauszuschneiden. Frostspanner aber sind halb so wild, da sie von den Meisen abgesammelt werden.

Bei den Tagfaltern können höchstens die Kohlweißlinge mal negativ auffallen. Wenn sich zu viele Raupen auf Ihrem Kohl tummeln, siedeln Sie sie einfach auf Kapuzinerkresse um. Mit den meisten Larven können Sie sich Ihren Garten aber ganz bedenkenlos teilen – versprochen!

Gartengestaltung für Schmetterlinge

Wenn wir es den Faltern im Garten gemütlich machen und noch dazu Raupenfutterpflanzen anbieten, werden wir die Welt ein bisschen besser und bunter machen.

Grundausstattung

Viele Tagfalter sind wahre Sonnenanbeter. Im Garten freuen sie sich daher über windgeschützte, sonnige Plätze. Eine frei wachsende Hecke aus heimischen Sträuchern als Gartengrenze ist sowohl Windschutz als auch Larvalhabitat. Trockenmauern und Wege aus Naturstein heizen zusätzlich ein. Bei viel Platz pflanzen Sie Bäume – dadurch erweitern Sie den Horizont für Raupen und auch für Vögel ganz enorm. Die absoluten Spitzenreiter mit den meisten Falterarten auf höchstem Niveau sind Eichen.

In einen mittelgroßen Garten passt die Säulen-Eiche (*Quercus robur* 'Fastigiata'), für den Reihenhausgarten sind Obstbäume auf schwachwachsender Unterlage, Säulen-Hainbuche, Weißdorn als Hochstamm und Säulen-Buche besser geeignet.

Rüsselgerechte Schmetterlingsblüten

Falter lieben Blüten mit langen Röhren, aus denen sie mit ihrem Rüssel Nektar trinken. Zu den geeigneten Schmetterlingsblumen gehören Nelkengewächse, Korbblütler wie Sonnenhut und Margerite, Phlox, aber auch viele Schmetterlingsblütler.

Im Frühling punkten Primeln und Krokusse. Nachtfalter bevorzugen weiße oder gelbe Blüten, die im Dunkeln zu leuchten scheinen. Trotzdem verlassen sie sich zusätzlich auf ihren Geruchssinn. Falls Sie im Zweifel sind, ob eine exotische Blüte für Falter geeignet ist, geben Form und Farbe Auskunft: Rote Blüten mit kurzer Röhre und ohne Duft sind für Kolibris vorgesehen, die nicht gut riechen können, aber gut gucken. In unseren Breiten, wo keine Kolibris vorkommen, kann man Hummeln und Tagfalter an solchen Blüten eher antreffen als Nachtfalter.

» So schön und falterfreundlich kann ein kleiner Vorgarten sein: Lavendel wächst unter Breitblättriger Platterbse (*Lathyrus latifolius*) durch den Zaun.

In Nordamerika wird die Blut-Johannisbeere (*Ribes sanguineum*) von Kolibris bestäubt. Bei uns ist sie ein Lockmittel für Hummeln und Tagfalter.

Helle Blüten mit langer Röhre und am besten noch mit Duft sind dagegen für nächtliche Besucher gedacht, zum Beispiel Wald-Geißblatt, Seifenkraut, Phlox, Nachtkerze, Wunderblume (*Mirabilis*) und Tabak. Besonders der Wald-Tabak (*Nicotiana sylvestris*) ist für den Garten gut geeignet und lässt sich wie eine Geranie frostfrei überwintern.

Am liebsten heimische Kost

Während Schmetterlinge bei Nektarpflanzen keine Zimperlieschen sind und auch fremdländische Arten anfliegen – schließlich gibt es überall auf der Welt hungrige Falter – sind sie bei der Auswahl der Babynahrung für den Nachwuchs wählerischer. Am besten sind daher heimische Pflanzen. Kirschlorbeer, Rhododendron und Thuja sind dagegen eher Appetitzügler. Ein Grundstock der Local Heros unter den Gehölzen, wie Hasel, Liguster, Wildrosen, Johannisbeere und Blasenstrauch, sollte daher in keinem Garten fehlen.

Und doch gibt es einige exotische Pflanzen, die als Raupenaufzuchtstation in Frage kommen, Hauptsache, die inneren Werte stimmen mit denen des heimischen Pendants überein. Kapuzinerkresse und Spinnenblume zum Beispiel enthalten Senföle, sodass sie von Kohlweißlingen als Kohlsurrogat betrachtet werden. Fuchsien, Wilder Wein und Fleißige Lieschen munden den Raupen des Mittleren Weinschwärmers, weshalb er im Siedlungsbereich zu den häufigeren Arten gehört. Der Totenkopfschwärmer als Kulturfolger ernährt sich wie wir gern von Kartoffeln, allerdings bevorzugt er das Laub. Am Schmetterlingsflieder (*Buddleja davidii*) aus Asien schließlich werden die Raupen vieler Nachtfalter gefunden. Gerade die Nachtschwärmer unter den Schmetterlingen sind immer für eine Überraschung gut.

Gretchenfrage: Wie halten Sie es mit der Brennnessel?

Die amerikanischen Gartenbesitzer haben es gut: Das Flaggschiff unter den Tagfaltern, der reisefreudige Monarch (*Danaus plexippus*), legt seine Eier an die schönen Seidenpflanzen (*Asclepias*). Unsere prächtigsten Schmetterlinge fressen ausgerechnet an der unbeliebtesten Pflanze überhaupt, der Brennnessel. Ihre unscheinbaren Blüten wären ja noch zu verschmerzen, wenn die Unberührbare nicht jeden unserer Annäherungsversuche bestrafen würde. Wenn Sie viel Platz haben, spendieren Sie den Raupen ruhig ein Fleckchen. Die Nessel-Schnabeleule oder der Brennnesselzünsler werden sich freuen – die begehrten Tagfalter aber nur, wenn ihnen das Kleinklima zusagt. Und wenn wir der Nessel nicht gerade den besten Platz im sonnigen Staudenbeet zugestehen, wird sie von einigen Arten verschmäht.

Ein anderes Sorgenkind ist der wuchernde Hopfen (*Humulus lupulus*), eine heimische kletternde Staude, die unter anderem von C-Falter-Raupen gefressen wird. Ohne Wurzelsperre ist sie im kleinen Garten grenzwertig.

Königsdisziplin: Eine Blumenwiese

Bei genug Platz können Sie eine Blumenwiese anlegen. Doch damit es auch Blumen und nicht nur Gräser gibt, muss der Boden mager sein. Das Problem ist hier nicht der Stickstoff, der mit dem Regen rasch ausgewaschen wird, sondern ein zu hoher Phosphatwert. Dieser hält sich hartnäckig.

Es gibt verschiedene Methoden für eine Magerkur. Die aufwändige, aber schnellere, besteht darin, den nährstoffreichen Oberboden abzutragen. Sand- und Schotterbeigaben und die Aussaat von Klappertopf (*Rhinanthus*) verleiden dominanten Gräsern das Wuchern.

Die weniger schweißtreibende Variante erfordert Geduld: Wenn Sie die Fläche immer wieder mähen und das Schnittgut entfernen, wird der Boden mit der Zeit mager. Je nährstoffreicher eine Fläche ist, umso öfter muss gemäht werden. Nach ein paar Jahren der Diät können Sie die Wiese im Herbst oder Frühling vertikutieren und eine Saatmischung ausbringen. Der Maulwurf ist ein gern gesehener Gast, da er offene Stellen aufwirft, an denen sich Blumen aussäen können.

Seien Sie nicht enttäuscht, wenn es trotz aller Mühen keine Bilderbuchblumenwiese wird. Wiesen-Schaumkraut stellt sich sogar in fetten Zeiten ein und ist ein Paradies für den Aurorafalter – allerdings nur, wenn die Raupen sich zur Verpuppung in ein nahes Gebüsch retten können, denn wenn sie zu sehr am Schaumkraut hängen, werden sie beim Mähen verhackstückt. Für den Aurorafalter gibt es leider nur falsche Mähzeitpunkte – irgendwas ist immer.

In jedem Fall sollte das Mähgut nach der Mahd entfernt werden, aber erst nach ein paar Tagen, damit Insekten noch Zeit zur Flucht haben. Die optimale Schnitthöhe liegt bei 8–10 cm, am schonendsten ist die Sense. Eine bunte Sommerwiese können Sie zwischen Mitte Mai und Mitte Juni mähen. Mähen Sie immer nur einen Teil, damit den Insekten nicht alle Blumen gleichzeitig verloren gehen,

» Das Kleine Wiesenvögelchen, hier auf Feldsalat, braucht sonnige Wiesen, die Raupe futtert Gräser.

Die Blattwespenlarve zeigt stellvertretend das Dilemma der Raupen an dunkellaubigen Pflanzen, hier Buche.

nach sechs Wochen ist dann die andere Hälfte dran. Halten Sie sich mit dem Rasenmäher Wege durch die Wildnis frei, damit Sie das bunte Treiben beobachten können.

Eine perfekte Ergänzung zur Wiese ist eine Trockenmauer. Sie sorgt für eine Wärmeinsel, Falter wie das Braunauge lieben das so aufgewärmte, trockene Gras. Einige Steine dürfen ruhig ein kleines Dach über dem Gras bilden, denn das Braunauge ist etwas wasserscheu.

Die Farbe Lila: Buntlaubige Gehölze

Viele für Vögel schmackhafte Raupen wären gern unsichtbar: Sie sind so grün wie das Laub, möchten tagsüber nicht durch eine falsche Bewegung auffallen und hoffen so in Ruhestellung, nicht gefressen zu werden. Die Tarnung fliegt jedoch an fehlfarbigen Gehölzen sofort auf. Viele Ziersträucher und Bäume gibt es zum Beispiel mit violettem oder gelbem Laub. Hier sind Vögel im Vorteil. Setzen Sie daher ungewöhnliche Laubfarben bei beliebten Futterpflanzen wie Buche oder Traubenkirsche nur sparsam als Akzente ein.

Die lästigen Zweijährigen

Einige zweijährige Pflanzen kommen bei Schmetterlingen so gut an, dass der Aufwand mit der Aussaat lohnt. Hat man sie einmal im Garten, säen sie sich selbst aus. Leider geschieht das bei manchen Kandidaten erst im Frühjahr, nachdem die Samen den ganzen Winter über an den Stängeln faul herumgehangen haben. So gibt es eine unschöne Blühlücke alle zwei Jahre und auch kein Futter für die Raupen. Möchten

Traumpaar für Falter: Zierapfel und Einjähriges Silberblatt (*Lunaria annua*).

Sie also Nachtviole und Einjähriges Silberblatt, die beide nicht von der schnellen Truppe sind, anbieten, müssen Sie in den ersten beiden Jahren im Frühjahr neues Saatgut ausbringen. Danach geht alles wie von selbst, solange Ihr Garten vakante Stellen für die Selbstaussaat bereithält.

Alles muss versteckt sein

Auch Schmetterlinge müssen mal schlafen oder sich bei schlechtem Wetter unterstellen. Nachtfalter verstecken sich tagsüber vor Vögeln, bevor diese am Ende Schmetterlinge im Bauch haben. Begehrt sind Holzstöße, Stapel leerer Blumentöpfe, Reisighaufen, Grasbüschel oder ein Dickicht aus Kletterpflanzen. Eine mit Efeu bewachsene Wand ist besonders begehrt, da sie das ganze Jahr über schützt. Die Hausmutter (*Noctua pronuba*) geht noch einen Schritt weiter: Sie verschläft den Tag am liebsten im Haus. Zielsicher kommt sie in der Morgendämmerung durch ein geöffnetes Fenster hinein und möchte am Abend bitteschön einen Escort-Service nach draußen bekommen.

Schmetterlinge eisgekühlt

Wenige Arten überwintern als Falter, darunter unsere schönsten: Der Zitronenfalter ist mit allen Wassern gewaschen und lässt sich an einem Ast sitzend einfach einschneien und durchfrieren – Frostschutzmittel in seinem Körper machen es möglich. Kleiner Fuchs, Admiral und Tagpfauenauge dagegen sind echte Kulturfolger und als solche recht häuslich. Am liebsten verbringen sie den Winter gut geschützt im Gartenschuppen oder auf dem Dachboden. Auch in ungeheizte Wohnräume dringen sie ein. An ihren Schlafplätzen möchten sie nicht gestört oder gar durch eine Heizung aufgeweckt werden. Im Frühling hilft ihnen ein an schönen Tagen geöffnetes Fenster oder eine Tür, wieder an die frische Luft zu kommen.

Der größte Teil der heimischen Arten überwintert aber als Ei, Raupe oder Puppe. Ihnen können wir helfen, indem wir es mit der Ordnung im Herbst nicht übertreiben. Das Laub darf auf den Beeten liegenbleiben, Stauden werden erst im Frühling von ihren alten Stängeln erlöst und Sträucher nicht komplett heruntergeschnitten, sondern nur ausgelichtet, wenn sie zu groß werden. Das Schnittgut bleibt am besten noch eine Weile im Garten liegen, um eventuell daran befestigten Püppchen noch eine Chance zum Schlüpfen zu geben. Falls bei einzelnen Arten besondere Schnitttermine gelten, ist dies bei den Pflanzenporträts vermerkt. In der Vogelschutzzeit zwischen dem 1. 3. und 30. 9. darf nur ein Formschnitt durchgeführt werden.

» Frühe Falter brauchen frühe Blüten: Tagpfauenauge auf Krokus 'Miss Vain'.

Das große Flattern im Garten

Landkärtchen der Frühjahrsgeneration auf Wiesen-Kerbel.

Falterporträts

Wer gibt sich die Ehre in unserem Grün? Hier finden Sie häufige, auffällige Arten, die uns mit ein bisschen Glück im Garten zufliegen. Die Arten sind nach Familien geordnet.

Schwalbenschwanz *Papilio machaon*

Er ist eindeutig der Star unter den Tagfaltern und als Raupe wie als Schmetterling so schön, dass ihm schon zu Zeiten, in denen die Giftspritze ein beliebtes Gartenaccessoire war, Amnestie gewährt wurde. Sogar in alten Gartenbüchern aus den 1950er Jahren, die das Loblied auf Insektizide und andere schlimme Dinge singen, wird der Schwalbenschwanz unter der Rubrik „Gnade vor Recht" geführt.

Früher war er ein häufiger Falter, der am Laub von Möhre, Dill oder Fenchel fraß und in Gemüsegärten sein Auskommen fand. Hier profitierte er von ordentlicher Reihenkultur, denn er mag nackte Erde rund um seine Futterpflanzen, legt aber auch in Hochbeeten Eier ab. Der Anbau im Hausgarten hat aber stark nachgelassen, sodass die Falter selten wurden. Die Bestände legen mancherorts wieder zu, und da die Tiere weit fliegen, lohnt es sich, Futterpflanzen anzubieten.

Die Raupe imitiert erst Vogelkot, später ist sie auffällig bunt und wird von Vögeln gemieden, daher ist sie leicht zu entdecken. Wird sie geärgert, kann sie eine gelbe Nackengabel ausstülpen, die unangenehm riecht.

STECKBRIEF

- *Spannweite 50–70 mm*
- *Flügel gelb mit schwarzem Muster und blauen und roten Flecken auf den Hinterflügeln*
- *nur mit dem Segelfalter zu verwechseln, dessen schwarze Markierungen auf hellerem Gelb aber Streifen bilden*
- *Flugzeit von März oder April bis September in 2–3 Generationen*
- *gelbes Ei wie ein winziger Tischtennisball*
- *Raupen zuerst schwarz mit hellen Punkten, später grün mit schwarz-rot getupften Querstreifen*
- *Überwinterung als Puppe*

Raupenfutterpflanzen

- Bärwurz (*Meum athamanticum*)
- Dill (*Anethum graveolens*)
- Diptam (*Dictamnus albus*)
- Echter Kümmel (*Carum carvi*)
- Fenchel (*Foeniculum vulgare*)
- Kleine Bibernelle (*Pimpinella saxifraga*)
- Pastinake (*Pastinaca sativa*)
- Wald-Engelwurz (*Angelica sylvestris*)
- Weinraute (*Ruta graveolens*)
- Wilde und Gartenmöhre (*Daucus carota*)

Förderung

Der Schwalbenschwanz legt seine Eier am liebsten auf noch kleine Pflanzen, die von nackter Erde umgeben sind. Daher ist ein Gemüsegarten ideal, in dem unerwünschter Aufwuchs rund um die Sämlinge entfernt wird. Das funktioniert auch im Kiesgarten, wo es von Natur aus viel Freiraum gibt. In einer mageren Blumenwiese sind Maulwürfe die besten Freunde der Falter, da sie offenen Boden nahe der Futterpflanzen schaffen, auf dem sich Wilde Möhren und andere Leibspeisen aussäen. Der ideale Mähzeitpunkt liegt Anfang August. Der Falter wünscht sich violette Blüten, zum Beispiel Sommerflieder, Blaunessel, Flockenblumen, Skabiosen, Rotklee und Disteln.

Admiral *Vanessa atalanta*

Der Admiral ist eine dunkle Schönheit und mit seinen orangefarbenen, militärischen Streifen mit keinem anderen Schmetterling zu verwechseln. Dank der oft sehr milden Winter können immer mehr Tiere bei uns überleben, während sie früher immer wieder aus dem Süden einwandern mussten – die Tiere sind gute Flieger. Und so sieht man die Falter mittlerweile schon im zeitigen Frühjahr und bis in den Herbst hinein, wenn sie als Stammgast an blühendem Efeu auffallen. Sie besuchen Gärten sehr gern.

Die Raupen ernähren sich fast ausschließlich von Brennnesseln, wo sie dank ihrer typischen Origami-Technik leicht zu entdecken sind: Das Blatt wird am Stiel angebissen, sodass es senkrecht herabhängt. Es wird zu einer Tasche zusammengeklappt und mit Spinnfäden zusammengenäht. In diesem Faltblatt frisst und schläft die Raupe. Die Blattunterseite liegt dabei außen, die Spitze fehlt bald, da sie verspeist wurde. Durch diese raffinierte Verpackung sind die Raupen vor Fressfeinden und Parasiten einigermaßen, aber nicht vollkommen, geschützt. Die Puppen sind später auch auf der Brennnessel zu finden.

Raupenfutterpflanzen

- Große Brennnessel (*Urtica dioica*)
- Glaskraut (*Parietaria* sp.), aber eher in Südeuropa

Förderung

Der Falter mag Fallobst und die Blüten von Sommerflieder, Astern, Efeu, Wasserdost und Weiden. Als Falterfutter können Sie daher marode Früchte, zum Beispiel von Pflaumen, liegen lassen. Die Eiablage erfolgt auf sonnig bis halbschattig stehenden Brennnesseln, gern in Gewässernähe. Da sich die Raupen direkt an der Pflanze verpuppen, dürfen die Stauden nicht zu früh entfernt werden. Überwinternde Eier oder Raupen an Jungpflanzen möchten ebenfalls in Ruhe gelassen werden. Zum Glück sind die charakteristischen Raupenschlafsäcke leicht zu entdecken. Die Falter überwintern in Schuppen oder Holzstößen. In milden Wintern zu früh aufgewachte Schmetterlinge lassen sich mit einem Winter-Schneeball füttern.

STECKBRIEF

- *Spannweite 50–60 mm*
- *Flügel oberseits schwarz mit roter Binde und weißen Flecken*
- *Unterseits tarnfarbene Hinterflügel, Vorderflügel mit weißen, blauen und orangefarbenen Flecken*
- *Flugzeit nahezu ganzjährig durch Zuwanderung aus dem Süden*
- *Eiablage einzeln an jungen Blättern, Ei grün gefärbt*
- *Raupen sehr variabel in der Farbe, von schwarz bis braun und fast rosa, meist mit weißem Seitenstreifen und gelben Stacheln*
- *Überwinterung als Ei, Raupe oder Falter*
- *Wanderfalter*

C-Falter *Polygonia c-album*

Im elitären Club der Brennnessel-Anhänger ist der C-Falter eine gartenfreundliche Ausnahme, denn er ist in seiner Nahrungswahl nicht so zimperlich und legt auch Eier auf beliebte Gartensträucher, wie Stachel- und Johannisbeere oder Sal-Weide. Wenn Sie also Berührungsängste haben, was die Brennnesseln angeht, können Sie immer noch einen handzahmen Beerenstrauch oder ein Weiden-Stämmchen pflanzen, zur Freude aller Beteiligten. Es muss noch nicht einmal die Wildform der Stachelbeere sein, wir können also auch mal an uns denken.

Die braun-weiße Raupe mit den vielen Stacheln imitiert Vogelkot geradezu meisterlich und ist auf den Blättern daher leicht zu übersehen, spinnt sich aber immerhin nicht ein, sodass sie eher zu finden ist als eine Admiralsraupe. Der Falter fliegt in mehreren Generationen und ist so ein treuer Begleiter durch Frühling und Sommer.

STECKBRIEF

- *Spannweite 40–50 mm*
- *Flügel oberseits orange mit braunen bis schwarzen Flecken*
- *Flügelunterseite düster gefärbt mit dem charakteristischen weißen C, außerdem durch die gezackte Silhouette leicht zu erkennen*
- *Flugzeit der Überwinterer von März bis Anfang Juni und in der nächsten Generation von Juli bis August*
- *Eiablage einzeln, Ei grün gefärbt*
- *Raupen hellbraun gefärbt mit einem weißen Bereich und Stacheln*
- *Verpuppung an der Futterpflanze*
- *Überwinterung als Falter an Ästen*

Raupenfutterpflanzen

- Echter Hopfen (*Humulus lupulus*)
- Gewöhnliche Hasel (*Corylus avellana*)
- Große Brennnessel (*Urtica dioica*)
- Hainbuche (*Carpinus betulus*)
- Rote Johannisbeere (*Ribes rubrum*)
- Sal-Weide (*Salix caprea*)
- Schwarze Johannisbeere (*Ribes nigrum*)
- Stachelbeere (*Ribes uva-crispa*)
- Ulme (*Ulmus* sp.)

Förderung

Der C-Falter kann durch seine Flexibilität bei den Raupenfutterpflanzen im Beerengarten ebenso aufwachsen wie in einer Hecke mit heimischen Sträuchern. Selbst im kleinsten Garten lassen sich die Hängeform der Sal-Weide, Hochstämmchen von Stachel- und Johannisbeere oder die Säulenform der Hainbuche unterbringen. Mit einer Wurzelsperre in seine Schranken verwiesen, kann Hopfen ein Spalier beranken. Damit keine Nahrungskonkurrenz an den Beerensträuchern entsteht, sollten Sie etwaigen Blattwespenlarven konsequent die Tour vermasseln. Johannisbeersträucher dürfen nicht gegen Vogelfraß eingenetzt werden, damit der C-Falter Zugriff auf die Blätter hat. Der Schmetterling besucht Primeln, Astern, Eisenkraut, Schmetterlingsflieder, Sonnenhut, Weiden, Disteln und viele andere Blüten. Da er in mehreren Generationen unterwegs ist, hilft ihm ein immer blühender Garten.

Distelfalter *Vanessa cardui*

Pünktlich ist er selten. In manchen Jahren schafft er es schon zur Nachtviolen-Blüte in unsere Gärten, in anderen erst, wenn schon der Schmetterlingsflieder lockt. Mal sind es nur wenige Falter, mal fliegen die Distelfalter überfallartig in rauen Mengen nach Mitteleuropa. Dass man sich auf den äußerst mobilen Tagfalter nicht verlassen kann, liegt daran, dass er ein Vielflieger ist und von Nordafrika aus immer wieder neu einreisen muss – und wie weit ihn die Flügel dabei tragen, hängt stark vom Wetter ab. Einige Exemplare wandern im Sommer in den sonnigen Süden zurück, überwintern kann die Art bei uns nämlich nicht.

Auch die Futtergewohnheiten der Raupen sind exzentrisch: Neben Disteln werden Brennnesseln, Kletten und viele andere Pflanzen aus verschiedenen Familien gefressen.

STECKBRIEF

- *Spannweite 45–60 mm*
- *Flügel oberseits schwarz mit roter Binde und weißen Flecken*
- *Flügelunterseite bräunlich mit schwarzen und orangefarbenen Flecken, Oberseite mit schwarz-weiß gefärbten Flügelspitzen und orangefarbener Grundfarbe mit schwarzen Flecken*
- *Flugzeit variabel durch Einwanderung aus dem Süden, meist auf den Sommer beschränkt*
- *Eiablage einzeln oder in kleinen Gruppen auf der Blattoberseite, grüne Eier*
- *Raupen wie beim Admiral unterschiedlich gefärbt, meist mit gelben Längsstreifen und gelblichen Stacheln, in manchen Fällen nicht von Admiralsraupen zu unterscheiden*
- *keine Überwinterung in unseren Breiten*
- *Wanderfalter*

Raupenfutterpflanzen

- Disteln (*Cirsium* sp., *Carduus* sp.)
- Gewöhnliche Mariendistel (*Silybum marianum*)
- Gewöhnlicher Natternkopf (*Echium vulgare*)
- Große Brennnessel (*Urtica dioica*)
- Huflattich (*Tussilago farfara*)
- Klette (*Arctium* sp.)
- Malven (*Malva* sp.)

Förderung

Die Falter mögen Distelblüten, Schmetterlingsflieder, Nachtviole, Scheinsonnenhut und viele weitere Pflanzen. Findet ein Weibchen viel Nektar an einer Blüte, ist ihre Bereitschaft, dort auch Eier zu legen, sehr groß – Liebe geht anscheinend auch beim Distelfalter durch den Magen. Daher kann der Wanderfalter durch blühende Disteln gefördert werden. Am wenigsten Probleme im Garten machen die dekorativen zweijährigen Arten, wie Mariendistel, Eselsdistel und Nickende Distel (*Carduus nutans*). Auch Natternkopf ist gut geeignet.

Kleiner Fuchs *Aglais urticae*

Im Gegensatz zu seinem Vetter, dem Großen Fuchs, dessen Raupen auf Obst- und anderen Laubbäumen fressen, ist der Kleine Fuchs noch ein häufiger Falter. Da er als erwachsenes Tier in Schuppen, auf Dachböden oder in hohlen Bäumen überwintert, ist er zeitig im Jahr zur Stelle und erwartet im Garten ein reiches Angebot an Frühblühern.

Die Raupen fressen vor allem an sonnig stehenden Brennnesseln. Durch ihr geselliges Auftreten ist es bei dieser Art ganz einfach, den Erfolg unserer Bemühungen im Garten auch tatsächlich mitzuerleben – die stachligen Raupen mit den gelben Längsstreifen sind in der Masse garantiert nicht zu übersehen. Die gute Nachricht ist außerdem, dass Sie die Brennnesselstauden im Sommer zum Leidwesen der Pflanze nach Herzenslust zurückschneiden und zu Jauche, Suppe oder was auch immer verarbeiten dürfen, denn der Kleine Fuchs legt seine Eier am liebsten auf den Neuaustrieb.

STECKBRIEF

- *Spannweite 40–50 mm*
- *Flügeloberseite orange mit einem blau-schwarzen unteren Rand und einer gelb-schwarz-weiß gepunkteten Oberkante*
- *Flügelunterseite erinnert an eine tarnfarbene Variante der Oberseite in hellen und dunklen Brauntönen*
- *Flugzeit in 2, selten 3 Generationen von März bis Oktober*
- *Eiablage in großen Gruppen auf der Blattunterseite*
- *grüne, glänzende Eier*
- *Raupen schwarz mit gelben Längsstreifen und hellen Dornen*
- *Larven leben zunächst gesellig, verteilen sich aber später*
- *Überwinterung als Falter*
- *Wanderfalter, der aber nur kurze Strecken zieht*

Raupenfutterpflanzen

- Große Brennnessel (*Urtica dioica*)
- Kleine Brennnessel (*Urtica urens*)
- Echter Hopfen (*Humulus lupulus*), selten

Förderung

Der Kleine Fuchs besucht unter anderem die Blüten von Baldrian, Schmetterlingsflieder, Disteln, Astern, Bart-Nelken, Spornblume und Natternkopf. Überwinterer freuen sich über Weiden, Scharbockskraut, Winterling oder Huflattich. Möchten Sie auch die Raupen im Garten sehen, müssen Sie einen Platz an der Sonne opfern, an dem Brennnesseln wachsen dürfen. Futterpflanzen in der Schmuddelecke hinterm Komposthaufen ignorieren die Falter. Die Weibchen mögen Frischkost: Ein Rückschnitt der Brennnesseln im Juni fördert einen frischen Blattaustrieb, der zur Eiablage bevorzugt wird. Zur Überwinterung sind die Falter dankbar für einen Tag der offenen Tür im Gartenschuppen.

Landkärtchen *Araschnia levana*

Das zierliche Landkärtchen ist der kreative Kopf unter den Brennnessel-Begeisterten und möchte in allem etwas Besonderes sein. Es fliegt in zwei Generationen, wobei die erste auf der Oberseite der Flügel orangefarben ist (Seite 14), die Hochsommergeneration (Bild rechts und Seite 97) dagegen fast schwarz, obwohl man denken würde, dass dunkle Farben im Frühjahr besser wärmen. Die Flügelunterseite ähnelt einer kunstvoll gezeichneten Landkarte. Die Eiablage geschieht ganz ungewöhnlich in Form von kleinen Türmchen unter Brennnesselblättern, was bei schon blühenden Pflanzen ein raffinierter Schachzug ist, da die Eier den Blütenfäden ähneln und leicht übersehen werden.

Die Raupen leben in großen Gruppen auf der Pflanze – im Gegensatz zu den ähnlichen Larven des Tagpfauenauges aber ohne ein Netz zu spinnen. Jungraupen verstecken sich auf der Blattunterseite. Durch die zwei Dornen auf dem Kopf, die aussehen wie Zöpfchen, lassen sich die stachligen Raupen leicht erkennen. Sie verpuppen sich direkt auf der Brennnessel, die letzte Generation überwintert als Puppe.

Raupenfutterpflanze

- Große Brennnessel (*Urtica dioica*)

Förderung

Das Landkärtchen lebt gern in Wäldern, lässt sich aber in den Garten locken, wenn ein Wald, Park oder gebüschreiches Gelände in der Nähe ist, denn die Eier und Raupen brauchen eine hohe Luftfeuchtigkeit. Wenn Ihr Garten also mit Bäumen und Hecken bestückt ist, erfolgt vielleicht die Eiablage an Brennnesseln, die halb- oder lichtschattig und nicht zu trocken stehen – ich habe die Raupen auch schon neben denen vom Tagpfauenauge am sonnigen Feldrand gefunden. Haben Sie die Eitürmchen oder Raupen an den Stauden entdeckt, hilft in Dürrezeiten ein gründliches Wässern und Einnebeln der Pflanzen. Die Falter lieben weiße Blüten, wie Wiesen-Kerbel, Wilde Möhre, Bärenklau, Knoblauchsrauke, Weißdorn, Margeriten und Schneeball, mögen aber auch Wasserdost, Minze, Disteln, Gewöhnlichen Dost, Goldrute und Hahnenfuß.

STECKBRIEF

- *Spannweite 28–40 mm*
- *kleiner Falter mit charakteristischer Landkarte auf der Unterseite*
- *Flügel der Frühjahrsgeneration oben orange mit schwarzen Flecken und einer blauen Fleckenreihe am unteren Rand des Hinterflügels*
- *Flügel der Sommerform schwarz mit einem gelben Querstreifen und orangefarbenen Linien*
- *Flugzeit von April bis September in 2, selten 3 Generationen*
- *die Eier werden als Türmchen auf der Blattunterseite abgelegt*
- *Raupen schwarz-braun mit verzweigten, helleren Stacheln, ein Dornenpaar auf dem Kopf*
- *Überwinterung als Puppe*

Tagpfauenauge *Aglais io*

Mit seinen blauen, aufgemalten Augen auf allen Flügeln ist das Tagpfauenauge vielleicht der schönste aus der Riege der Brennnesselfresser und immer leicht zu erkennen. Seine Unterseite ist dagegen düster bräunlich und perfekt getarnt. Kommt ihm ein Vogel zu nah, klappt sich der Falter einfach auf, und der Fressfeind erschrickt, wenn ihn plötzlich wie aus dem Nichts so ein Vierauge anschaut. Die Tiere suchen Brennnesselbestände an sonnigen oder halbschattigen Standorten, am liebsten luftfeucht und stickstoffreich. Nur selten wird Hopfen als Raupenfutterpflanze ausgesucht. Die Eier schludert das Weibchen einfach in einem großen Drunter und Drüber unter ein Blatt.

Die Raupen fressen zunächst gemeinsam in einem Gespinst, verteilen sich später aber über die gesamte Pflanze. Sie sind schwarz mit weißen Punkten und langen Stacheln.

Raupenfutterpflanzen

- Große Brennnessel (*Urtica dioica*)
- Echter Hopfen (*Humulus lupulus*), selten

Förderung

Ein Fleckchen mit Brennnesseln in einer nicht allzu schattigen Gartenecke ist vielleicht ein sehr großer Gefallen, aber die hübschen Falter sind es wert. Die Pflanzen können im Juli heruntergeschnitten werden, um frischen Austrieb für die zweite Faltergeneration zu schaffen. Da nicht die Puppe, sondern der Schmetterling überwintert, müssen die Brennnesselhorste nicht unbedingt über den Winter stehenbleiben. Die Falter verkriechen sich im Herbst gern in Holzstößen, auf Dachböden oder in Gartenschuppen – für eine Fluchthilfe aus geschlossenen Räumen im Frühjahr sind sie dankbar. Als Nektarspender können Sie Efeu, Schlehe, Weiden, Schmetterlingsflieder, Garten-Margeriten, Krokusse, Dahlien, Wasserdost, Zinnien, Phlox und Rot-Klee pflanzen.

STECKBRIEF

- *Spannweite 50–55 mm*
- *unverwechselbar durch die Augenzeichnung auf den Vorder- und Hinterflügeln*
- *unterseits bräunlich*
- *Flugzeit von Mai bis Juni und in einer weiteren Generation von August bis Oktober*
- *Eiablage auf der Blattunterseite in einem großen Haufen, Eier anfangs grün*
- *Raupen schwarz mit weißen Punkten, braunen Bauchbeinen und schwarzen Stacheln*
- *Überwinterung als Falter*

Aurorafalter *Anthocharis cardamines*

Nicht alle brauchen unbedingt bunte Blumenwiesen: Dem Aurorafalter lässt sich auch in schattigeren Gärten helfen. Der kleine, auffällige Falter, der wie die Männchen vieler Vogelarten mit seinem guten Aussehen punktet und im 70er-Jahre-Design mit orangefarbenen Flecken auf den Flügeln daherkommt, ist ein Meister der Täuschung: Das eher tarnfarbene Weibchen tut erst so, als würde es nur ein paar Blumen besuchen, doch dabei legt es ganz verstohlen ein Ei zwischen die Blüten.

Die Raupe frisst allein an den sich entwickelnden Früchten der Futterpflanze und man übersieht sie dank ihrer Tarnung oft – was sehr für sie spricht, denn im Garten richtet sie keinen Schaden an. Es kommen trotzdem noch genug Samen zur Reife.

Die Puppe ist so extravagant geformt wie ein eleganter Damenschuh mit einer nach oben gebogenen Spitze, doch dieses Stadium ist auch die Achillesverse des Falters, denn es befindet sich meist direkt an der Futterpflanze und bleibt dort bis zum nächsten Frühjahr. Dies wird vielen Tieren zum Verhängnis, wenn die Stängel schon im Herbst entsorgt werden. Ein bisschen Lässigkeit im Garten ist also angesagt. Am ehesten gelingt die Toleranz von Verblühtem beim Silberblatt, das den ganzen Winter über glänzend aussieht.

STECKBRIEF

- *Spannweite 35–45 mm*
- *Vorderflügel beim Männchen mit einem großen orangefarbenen Fleck, beim Weibchen weiß*
- *Hinterflügel unterseits mit einem moosgrünen Muster*
- *Flugzeit von März bis Juli in einer Generation*
- *Eiablage an die Blüten der Futterpflanzen, meist nur ein einzelnes Ei, das erst weiß und später orangefarben ist*
- *die Falter übernachten auch auf den Blüten*
- *Raupen grün-weiß*
- *die Larven fressen fast ausschließlich die heranreifenden Früchte*
- *Überwinterung als Puppe*

Raupenfutterpflanzen

- Einjähriges Silberblatt (*Lunaria annua*)
- Gewöhnliches Barbarakraut (*Barbarea vulgaris*)
- Knoblauchsrauke (*Alliaria petiolata*)
- Meerrettich (*Armoracia rusticana*)
- Rauhaarige Gänsekresse (*Arabis hirsuta*)
- Turmkraut (*Arabis glabra*)
- Ungarische Gänsekresse (*Arabis procurrens*)
- Wegrauke (*Sisymbrium officinale*)
- Wiesen-Schaumkraut (*Cardamine pratensis*)
- Zwiebel-Zahnwurz (*Cardamine bulbifera*)

Förderung

Am meisten freut sich der Aurorafalter über eine Wiese mit Wiesen-Schaumkraut und angrenzender Hecke. Bei weniger Platz können Sie mit Silberblatt und Knoblauchsrauke dienen. Wichtig ist, die Futterpflanzen nicht schon im Herbst auf den Kompost zu werfen, da die Puppen bis März oder April daran haften. Die Eier und Raupen finden Sie bei gezielter Suche leicht. Als zusätzliche Nektarquelle eignen sich Sternmieren, zum Beispiel die Große Sternmiere (*Stellaria holostea*).

Männchen auf Knoblauchsrauke.

Großer Kohlweißling *Pieris brassicae*

„Na, dem werd' ich helfen!" werden Sie vielleicht sagen, immerhin kommt eine Raupe selten allein, und zusammen können sie einen Kohlkopf schnell für den Kochtopf ruinieren. Doch der ehemals häufige Wanderfalter ist mittlerweile selten geworden und hat ein bisschen Hilfe verdient. Die großen weißen Schmetterlinge, bei denen die Weibchen lustige schwarze Punkte auf den Flügeln zeigen, sind zwar nur schwarzweiß, aber wirklich hübsch. Die gelben Eier werden als große Gruppe dicht an dicht an allen möglichen Kohlpflanzen abgelegt, aber auch an Kapuzinerkresse und manchmal an Nachtviolen, Hauptsache, die Pflanze enthält Senföle.

Wenn die Raupen im fünften Larvalstadium fertig entwickelt sind, legen sie zu Fuß ganz flott große Strecken zurück und verpuppen sich gern an Hauswänden. Nicht alle schaffen es so weit, denn die winzige Kohlweißlings-Schlupfwespe (*Cotesia glomerata*) legt Eier in die Jungraupen, die dann von innen aufgefressen werden. Junge Räupchen fressen daher noch gesellig und bespucken den Angreifer, was auch nicht immer hilft. Durch die Schlupfwespe kann der Bestand an Kohlweißlingen nie überhand nehmen. Vögel meiden die Raupen dagegen meist, weil sie aufgrund der aufgenommenen Senföle schlecht schmecken – deshalb müssen sich die auffälligen Larven ab einer gewissen Größe auch nicht verstecken und können sich ganz offen auf einem Kohlblatt herumlümmeln.

Steckbrief

- *Spannweite bis 60 mm*
- *Flügel weiß, Vorderflügel mit großem schwarzen Saum an der Spitze*
- *Weibchen zusätzlich mit zwei schwarzen Punkten auf der Oberseite jedes Vorderflügels*
- *Vorderflügel auch unterseits mit einem schwarzen Punkt*
- *Flugzeit von März bis Oktober in 2–3 Generationen*
- *viele gelbe Eier werden als Gruppe auf der Blattunterseite abgelegt*
- *Raupen gelb mit schwarzen Flecken*
- *die Larven fressen erst gesellig und verteilen sich später über die ganze Pflanze*
- *Überwinterung als Puppe*
- *Wanderfalter*

Raupenfutterpflanzen

- Echte Kapuzinerkresse (*Tropaeolum majus*)
- Garten-Senfrauke (*Eruca sativa*)
- Gewöhnliche Nachtviole (*Hesperis matronalis*)
- Kohl (*Brassica oleracea*)
- Meerkohl (*Crambe maritima* und *C. cordifolia*)
- Meerrettich (*Armoracia rusticana*)
- Meersenf (*Cakile maritima*)
- Raps (*Brassica napus*)
- Schmalblättriger Doppelsame (*Diplotaxis tenuifolia*)
- Spinnenblume (*Tarenaya hassleriana*)

Förderung

Nichts leichter als das! Ein paar Kohlpflanzen als Opfer reichen schon aus, aber auch ein großer Kübel mit Kapuzinerkresse hilft. Einfacher sind die mehrjährigen Meerkohl-Arten, die nicht jedes Jahr neu gesät werden müssen.

Kleiner Kohlweißling und Karst-Weißling *Pieris rapae, Pieris mannii*

Der Kleine und der Große Kohlweißling sind sich sehr ähnlich, der Kleine wirkt aber insgesamt verwaschener und nicht so kontrastreich gefärbt. Er ist viel häufiger als sein großer Bruder, weil seine Raupen als Einzelkinder aufwachsen und daher mit kleinen Portionen zufrieden sind. Die Art ist nicht wie die Verwandtschaft auf Kohlfelder angewiesen, sondern schlägt sich auch mit zarteren Pflanzen durch. Während der Große Kohlweißling viele Eier auf einmal ablegt, legt das Weibchen von *Pieris rapae* sie einzeln an die Unterseite der Blätter, so entsteht nicht gleich ein Kahlfraß, was den Gärtner milde stimmt. Bei den Raupenfutterpflanzen sind sich beide Arten recht ähnlich. Der Kleine Kohlweißling hat als Falter ein Faible für die Blüten von Blut-Weiderich, Blaunessel und Oregano. Zur Verpuppung erklimmt die Raupe Zäune, Mauern und andere erhöhte Plätze.

Neuerdings gibt es bei uns eine Zwillingsart, den Karst-Weißling (Weibchen im Bild rechts), ein Neubürger aus dem Mittelmeerraum, der sich nicht nur in Felslandschaften, sondern auch in Gärten wohlfühlt.

Raupenfutterpflanzen

- Behaartes Schaumkraut (*Cardamine hirsuta*)
- Echte Kapuzinerkresse (*Tropaeolum majus*)
- Färberwaid (*Isatis tinctoria*)
- Garten-Senfrauke (*Eruca sativa*)
- Gelber Wau (*Reseda lutea*)
- Gewöhnliche Nachtviole (*Hesperis matronalis*)
- Immergrüne Schleifenblume (*Iberis sempervirens*)
- Kohl (*Brassica oleracea*)
- Meerkohl (*Crambe maritima* und *C. cordifolia*)
- Meersenf (*Cakile maritima*)
- Schmalblättriger Doppelsame (*Diplotaxis tenuifolia*)
- Spinnenblume (*Tarenaya hassleriana*)

Förderung

Der Kleine Kohlweißling ist ein dankbarer Gartengast, da er nicht nur Kohl frisst, sondern auch mit Pflanzen des Blumenbeets auskommt. Ein Beet für ihn kann so hübsche Arten enthalten wie Färber-Waid, Schleifenblume, Gelben Wau und Kapuzinerkresse. Der Karst-Weißling liebt Felsen und Trockenmauern und bevorzugt Schleifenblume und Senfrauke zur Eiablage, die zwischen oder auf den Steinen wachsen, aber auch gern in Kübeln.

STECKBRIEF

- *Spannweite 40–50 mm*
- *Flügel weiß, Vorderflügel mit schwarzem Saum an der Spitze, der kleiner ist als beim Großen Kohlweißling und sich nicht so weit den Flügel hinunterzieht*
- *Weibchen zusätzlich mit 2 schwarzen Punkten auf der Oberseite jedes Vorderflügels, beim Männchen nur ein sehr kleiner schwarzer Punkt*
- *Vorderflügel auch unterseits mit einem schwarzen Punkt*
- *Flugzeit von März bis Oktober in 2–4 Generationen*
- *Eiablage einzeln*
- *Raupen grün, Jungraupe mit hellem Kopf im Unterschied zum Karst-Weißling, bei dem der Kopf dunkel ist*
- *Überwinterung als Puppe*

Kleiner Kohlweißling.

Weibchen des Karst-Weißlings.

Zitronenfalter *Gonepteryx rhamni*

Der gelbe Zitronenfalter ist ein farbtreuer Schmetterling, der am liebsten Blüten in seiner Farbe besucht: Gern mag er Löwenzahn, Primeln, Durchwachsene Silphie und Goldlack. Auch seine Komplementärfarbe Violett steht ihm gut, und so findet man ihn auch an Breitblättriger Platterbse (*Lathyrus latifolius*), Disteln, Hohlem und Gefingertem Lerchensporn (Bild), Flockenblumen und Nelkengewächsen. Feuerbohnenblüten besucht er ebenfalls gern, bei weiß blühenden Bohnensorten, sogar wenn sie direkt daneben wachsen, neigt er dagegen zum Boykott. Er ist der Rekordhalter, was die Lebenserwartung angeht: Er wird bis zu zwölf Monate alt und sieht doch im Frühling aus wie das blühende Leben. Und dabei lebt er durchaus waghalsig, wenn er sich im Herbst einfach auf einen Ast setzt und sich den ganzen Winter lang dort ordentlich durchfrieren lässt, um ab März wieder durchzustarten.

STECKBRIEF

- *Spannweite bis 55 mm*
- *Flügel beim Männchen zitronengelb, beim Weibchen eher weißlich*
- *die Form der Flügel ist unverwechselbar mit zwei Zipfeln*
- *deutlich treten die Flügeladern hervor*
- *Flugzeit von Juni bis Mai des folgenden Jahres in einer Generation, oft mit einer Sommerruhe im August*
- *die Eier werden einzeln oder paarweise an die Knospen der Futterpflanze gelegt*
- *Raupen grün mit weißem Längsstreifen an der Seite direkt über den Füßchen*
- *Überwinterung als Falter*

Nach der Paarung legen die Weibchen im April und Mai ihre Eier an die sich öffnenden Knospen von Faulbaum und Kreuzdorn, wo die Larven bis Juni fressen und sich direkt am Strauch verpuppen. Die grünen Raupen sind nicht leicht zu entdecken, da sie sich gern auf die Mittelrippe der Blätter setzen und einen geschickt platzierten weißen Längsstreifen haben, was für zusätzliche Verwirrung sorgt. Hat man den Dreh aber erst einmal raus, entdeckt man sie selbst im Vorbeigehen.

Raupenfutterpflanzen

- Gewöhnlicher Faulbaum (*Frangula alnus*)
- Purgier-Kreuzdorn (*Rhamnus cathartica*)

Förderung

Neben geeigneten Nektarpflanzen kann der noch häufige und sehr mobile Zitronenfalter, der gern Gärten besucht, durch das Pflanzen eines Faulbaums oder Kreuzdorns angelockt werden. Vom Faulbaum gibt es schmale Sorten, so passt er auch gut in Minigärten, der Falter bevorzugt sowieso eher kleine Sträucher. Da die Eiablage mit dem Laubaustrieb beginnt, schadet ein Rückschnitt der Sträucher im Februar nicht, wenn die Äste vorher auf Überwinterer überprüft wurden.

Kleiner Feuerfalter *Lycaena phlaeas*

Sein Name klingt brandgefährlich, doch der kleine, gar nicht blaue Bläuling heißt nur deshalb Feuerfalter, weil er in feurigem Orange herumflattert. Der Kleine Feuerfalter ist der häufigste seiner Gattung und kommt vor allem auf Wiesen und an Böschungen mit Sauerampfer-Beständen vor. Auch in Gärten gastiert er und profitiert dort vom Blütenangebot und leckerem Ampfer im Gemüsebeet. Selbst in mittelgroßen Gärten können wir dem Schmetterling dauerhaft eine Heimat bieten, was den kleinen Kerl so dankbar macht als Gartenart. Auf sehr kleinen Grundstücken kann der Feuerfalter nur angesiedelt werden, wenn noch mehr geeignete Lebensräume in der Nähe sind.

Neben den Futterpflanzen für die Raupen und den Nektarpflanzen sind die Tiere Feuer und Flamme für freie Bodenstellen: Solche unbewachsenen Örtchen sind Sonnenbank und Partnerbörse in einem. Auf Sandboden finden sich solche Inseln von alleine ein, an anderen Standorten können Sie sandige Stellen selbst schaffen oder den Maulwurf tolerieren, denn er ist der beste Freund des Falters – die Hügel liebt er geradezu.

STECKBRIEF

- *Spannweite 22–27 mm*
- *Oberseite der Vorderflügel orange mit braunem Rand und braunen Punkten, Hinterflügel dunkelbraun mit orangefarbenem Rand. Flügelunterseite beige-braun mit verwaschenen Punkten, Unterseite der Vorderflügel hell orangefarben.*
- *Flugzeit von April bis Oktober in 2–4, sich überlappenden Generationen*
- *die weißlichen Eier werden auf der Blattoberseite angelegt*
- *Raupen grün, oft mit rötlichem Rand*
- *Überwinterung als junge Raupe*

Raupenfutterpflanzen

- Großer Sauerampfer (*Rumex acetosa*)
- Kleiner Sauerampfer (*Rumex acetosella*)
- Schlangen-Knöterich (*Bistorta officinalis*)
- Stumpfblättriger Ampfer (*Rumex obtusifolius*)

Förderung

Die Falter saugen an Disteln, Minze, Gewöhnlichem Dost, Schafgarbe, Heide oder Margeriten. Damit die Tiere im Garten zur Eiablage kommen, ist eine magere Wiese mit offenen Bodenstellen und Ampfer-Arten ideal, doch diese Bereiche können Sie auch am Gartenrand oder in einem Teil vom Gemüsebeet schaffen – Sauerampfer ist schließlich auch für uns schmackhaft. Da die Raupen sich bodennah an den Pflanzen verpuppen, bringt sogar gelegentliches Mähen den Feuerfalter nicht zur Weißglut. Das ideale Feuerfalter-Beet besteht aus sandigen Stellen mit ausgesätem Ampfer und dem ein oder anderen Maulwurfshügel – oder der Do-it-yourself-Variante mit dem Spaten.

Garten-Bläuling (Faulbaum-Bläuling)

Celastrina argiolus

Er ist der Frühaufsteher unter den Bläulingen und fällt schon im April auf, wenn er durch die Gärten fliegt und sich auf Sträuchern sonnt. Die zweite Generation erscheint im Sommer, wenn auch andere Bläulinge unterwegs sind, sodass er dann leicht übersehen wird, vor allem, weil er gern die oberen Etagen des Gartens aufsucht. Meist zeigt er seine babyblaue Unterseite mit den schwarzen Flecken, oberseits ist er dunkler blau gefärbt mit einem schwarzen Saum.

Da er viele Pflanzen frisst, die auch ein handelsübliches Gartencenter feilbietet, kommt er oft in Gärten vor. Die Liste an Raupenfutterpflanzen ist schwindelerregend lang, daher firmiert er mittlerweile zu Recht nicht mehr unter Faulbaum- sondern Garten-Bläuling. Die Vorliebe für bestimmte Pflanzen kann allerdings regional variieren. Zur Eiablage werden fast nur Blütenknospen genutzt.

Die Raupen sind Chamäleons, die ihre Färbung den Blütenfarben ihrer Futterpflanze anpassen, denn sie mögen es blumig und futtern gern die Blüten. So sind sie gut getarnt.

STECKBRIEF

- *Spannweite 23–30 mm*
- *Flügeloberseite hellblau mit schwarzem Rand, der beim Weibchen breiter ist*
- *Flügelunterseite hellblau mit schwarzen Flecken*
- *Flugzeit von April bis August oder September in 2–3 Generationen*
- *die Eier werden meist an Blüten abgelegt*
- *Raupen mit dunklem Rückenstreifen, in der Grundfarbe passen sie sich der Wirtspflanze an und können weiß, grün, gelb oder rosa sein*
- *Überwinterung als Puppe*

Raupenfutterpflanzen

- Besenheide (*Calluna vulgaris*)
- Blut-Weiderich (*Lythrum salicaria*)
- Blutroter Hartriegel (*Cornus sanguinea*)
- Efeu (*Hedera helix*)
- Europäische Stechpalme (*Ilex aquifolium*)
- Europäisches Pfaffenhütchen (*Euonymus europaeus*)
- Gewöhnlicher Faulbaum (*Frangula alnus*)
- Johanniskraut (*Hypericum* sp.)
- Luzerne (*Medicago sativa*)
- Weißer Steinklee (*Melilotus albus*)

Förderung

Die erste Generation des Falters legt ihre Eier an Hartriegel, Stechpalme und Faulbaum ab, die zweite an Schmetterlingsblütler wie Luzerne, aber auch an die Blüten von Blut-Weiderich, Efeu und Besenheide. Ein blütenreicher Garten mit einer Schmetterlingshecke und Efeu im blühfähigen Alter ist also ganz nach dem Geschmack des Bläulings. Die Falter der Sommergeneration lieben die Blüten von Gewöhnlichem Dost und Steinklee, ich habe ihn sogar schon bei der Eiablage an Dost-Blüten beobachtet. Im Blumenbeet oder am Teichrand sollte reichlich Blut-Weiderich vorhanden sein. Da die Falter auch an Honigtau auf den Blättern von Laubgehölzen saugen, hilft ihnen ein entspannter Umgang mit Blattläusen.

» Männchen an Weißem Steinklee.

Weibchen auf Rotem Hartriegel.

Nierenfleck-Zipfelfalter *Thecla betulae*

Dieser kleine Bläuling ist ein Heimlichtuer. Meist hält er sich irgendwo in den Baumkronen oder Strauchwipfeln auf und lässt sich nur selten zu uns herab. Dabei braucht er sich nicht zu verstecken – er ist ein wirklich hübscher kleiner Tagfalter. Am ehesten findet man seine Eier, die einzeln oder paarweise an Schlehen oder verwandten Arten abgelegt werden, wo sie den ganzen Winter hindurch wie winzige weiße Golfbälle auf der dunklen Rinde kleben.

Der Schlupf der Räupchen findet im April statt und sie fressen erst einmal verborgen in einer Knospe. Sind sie dafür zu groß geworden, futtern die Raupen frei auf den Blättern, wo sie aber nicht so leicht zu entdecken sind. Erst im Frühsommer begeben sich die Tiere ausnahmsweise auf den Boden, um sich dort zu verpuppen.

STECKBRIEF

- *Spannweite 32–37 mm*
- *Flügeloberseite dunkelbraun, beim Weibchen mit einem orangefarbenen, nierenförmigen Fleck auf dem Vorderflügel*
- *Flügelunterseite mit weißen Markierungen und beim Weibchen mit leuchtend orangefarbener Grundfarbe, beim Männchen ockerfarben*
- *jeder Hinterflügel endet in einem gebogenen Zipfel*
- *Flugzeit von Juli bis Oktober in einer Generation*
- *die Eier werden einzeln oder paarweise an Äste abgelegt, besonders gern an die Basis von Dornen*
- *Raupen asselförmig, grün mit gelben Längsstreifen und kleineren schrägen Linien*
- *Überwinterung als Ei*

Raupenfutterpflanzen

- Aprikose (*Prunus armeniaca*)
- Kirschpflaume (*Prunus cerasifera*)
- Pflaume (*Prunus domestica*)
- Schlehe (*Prunus spinosa*)
- Traubenkirsche (*Prunus padus*)

Förderung

Am liebsten haben die Falter eine zünftige Schlehenhecke. Das geht aber nur bei viel Platz und einem Rasenmäher mit guten Zähnen, der die Ausläufer in Schach hält. Zum Glück freuen sie sich auch über einen Pflaumenbaum oder eine veredelte einzelne Schlehe. Wenn Sie gerne Pflaumen essen, sind Sie bald der beste Freund des kleinen Falters – halten Sie einmal im Winter Ausschau nach den Eiern, sie sind leicht zu finden. Ein Winterschnitt der Bäume oder Sträucher muss aber unterbleiben, um die Eier nicht zu verlieren – im Sommer ist auch noch Zeit für die Schere.

Ei im Winter an Schlehe: die einfachste Möglichkeit, eine Spur vom Falter zu finden.

Schornsteinfeger (Brauner Waldvogel)

Aphantopus hyperantus

Kohlweißlinge wirken wie exotische Lichtgestalten gegenüber diesem düsterbraunen Falter, der fast dunkler als sein Schatten ist. Bei näherer Betrachtung fallen die augenförmigen Flecken auf der Flügelunterseite auf, die ihn als Mitglied der Familie der Augenfalter ausweisen. Selten zeigt uns der Schornsteinfeger seine Flügeloberseite, die noch dunkler ist. Zusammen mit dem Großen Ochsenauge (*Maniola jurtina*) ist er der häufigste Augenfalter in Gärten – die beiden sind fast unzertrennlich.

Obwohl die Raupen sich von verschiedenen Gräsern ernähren, brauchen sie nicht unbedingt eine Blumenwiese, sondern schlagen sich auch am Bahndamm, Waldrand oder an Straßenböschungen durch, wenn nicht zu häufig gemäht wird. Sogar schattige, feuchte Stellen unter Brombeerbüschen sind geeignet, aber auch trockene, sonnige Wiesen. Da die Raupen überwintern und auch die Verpuppung im Gras stattfindet, sollten immer Grasbereiche über den Winter bis in den nächsten Sommer hinein stehenbleiben.

STECKBRIEF

- *Spannweite 35–42 mm*
- *Flügeloberseite dunkelbraun mit sehr kleinen Augenflecken*
- *Flügelunterseite braun mit 5 Augenflecken im Hinter- und 2–3 Augenflecken im Vorderflügel*
- *Augenflecken hell umrandet mit schwarzem Auge und meist weißem Zentrum*
- *Flugzeit von Juni bis August in einer Generation*
- *die Eier werden einfach ins Gras oder auf den Boden fallen gelassen*
- *Raupen graubraun mit Borsten und einem dunklen Rückenstreifen*
- *Überwinterung als Raupe*

Raupenfutterpflanzen (Auswahl)

- Aufrechte Trespe (*Bromus erectus*)
- Gewöhnlicher Rot-Schwingel (*Festuca rubra*)
- Gewöhnliches Knäuelgras (*Dactylis glomerata*)
- Land-Reitgras (*Calamagrostis epigejos*)
- Rasen-Schmiele (*Deschampsia cespitosa*)
- Wald-Zwenke (*Brachypodium sylvaticum*)

Förderung

Natürlich ist der Schornsteinfeger einer Blumenwiese gegenüber nicht abgeneigt. Sie können ihn aber auch mit ein bisschen Wildwuchs an den Gartenrändern fördern, wo auch Gräser wachsen dürfen. Diese Eckchen müssen noch nicht einmal besonders sonnig sein. Eine Wiese sollte nicht komplett abgemäht werden, sondern ein Teil im Juni und ein Teil im September. Einen Versuch wert ist auch Reitgras im Staudenbeet, wie *Calamagrostis × acutiflora*. Die Falter können Sie mit Gewöhnlichem Dost, Skabiosen, Disteln, Wegwarte und Flockenblumen dezent auf Ihren Garten hinweisen. Das Große Ochsenauge ist oft im Schlepptau des Schornsteinfegers zu finden und profitiert von allen Maßnahmen gleich mit.

Taubenschwänzchen *Macroglossum stellatarum*

Das Taubenschwänzchen ist anderen Faltern immer eine Rüssellänge voraus: Seine Zunge ist so lang, dass es Blüten mit sehr tiefer Kronröhre besuchen kann. Das tut es stets im Schwirrflug wie ein Kolibri – netterweise tagsüber, obwohl es ein Nachtfalter aus der Familie der Schwärmer ist. Kaum einmal trifft man das Taubenschwänzchen sitzend an, denn dann ist es eine ziemlich graue Maus und bestens getarnt (kleines Bild rechts). Meist fliegt es eifrig Blüten an und mag Wald-Geißblatt, Spornblume und Phlox ganz besonders gern. Es ist eines der wenigen Insekten, das sich der üblicherweise verschmähten Geranien erbarmt. Vorsicht, in den Blüten der Rosa Nachtkerze (*Oenothera speciosa*) und in den Blüten von *Mandevilla* kann das Taubenschwänzchen mit dem Rüssel steckenbleiben und verenden.

Als Wanderfalter reist es jedes Jahr in großer Zahl aus Südeuropa ein. Die Raupen fressen an verschiedenen Labkraut-Arten und so dringt der kleine Schwärmer in mehreren Generationen immer weiter nach Norden vor. Frühe Falterfunde etwa in den Mittelgebirgen (dann zum Beispiel an Goldlack oder, siehe kleines Bild rechts, an Weidenblüten) legen nah, dass er in milden Wintern auch eine Überwinterung in unseren Breiten schafft.

STECKBRIEF

- *Spannweite 40–50 mm*
- *überwiegend graubraun gefärbt, Hinterflügel orange*
- *am Ende des Hinterleibs weiße Flecken neben einem breiten Keil, was wie ein Taubenschwanz wirkt*
- *fliegt in mehreren Generationen bis etwa September, frühester Erscheinungstermin je nach Region und Temperatur unterschiedlich*
- *Raupe grün mit weißen Längsstreifen, später braun, immer mit schwärmertypischem Horn am Hinterende*
- *Verpuppung im Erdkokon*
- *Wanderfalter mit Heimat in Südeuropa*

Raupenfutterpflanzen

- Echtes Labkraut (*Galium verum*)
- Kletten-Labkraut (*Galium aparine*)
- Rote Spornblume (*Centranthus ruber*)
- Wald-Labkraut (*Galium sylvaticum*)
- Wiesen-Labkraut (*Galium mollugo*)

Förderung

Den Falter zu beköstigen ist nicht schwer. Er mag Kübelpflanzen wie Wandelröschen, Jasmin oder Verbenen ebenso gern wie Beetstauden und Sträucher, darunter Gelenkblume, Phlox, Schmetterlingsflieder und bei frühen Funden Goldlack. In meinem Garten sehe ich ihn regelmäßig am Wald-Geißblatt, das durch seine lange Blütezeit immer wieder neue Taubenschwänzchen anlockt. Für die Raupen können Sie Echtes Labkraut pflanzen – oder ganz einfach das Kletten-Labkraut, das sich oft von selbst einstellt, dulden. Manche Quellen geben auch Waldmeister als Futterpflanze an, den Sie in einem schattigen Eckchen leicht unterbringen.

Goldzünsler und Purpurroter Zünsler

Pyrausta aurata, P. purpuralis, P. despicata

Dem vermaledeiten Buchsbaumzünsler sei Dank, ist nun der Ruf der gesamten Schmetterlingsfamilie gründlich ruiniert. Dabei gibt es auch ganz zahme Zünsler, die mit guten Manieren punkten und im Garten eher ein Grund zum Jubeln sind. Diese beiden sehr ähnlichen Arten kommen in geradezu königlichen Gewändern daher: Die Grundfarbe ist Weinrot mit goldenen Flecken. Abgeflogene Tiere haben meist etwas von ihrem Glanz eingebüßt und wirken farblos. Beide Mini-Falter fliegen bei Tag und Nacht und lassen sich leicht im Garten beobachten, wenngleich ihre Fluchtdistanz ziemlich groß ist. Am ehesten zu entdecken sind sie im Kräutergarten auf Gewöhnlichem Dost, dessen Nähe sie besonders suchen und dort auf Blüten und Blättern herumsitzen.

Die Räupchen fressen nach Zünsler-Art in zusammengesponnenen Blättern und erinnern mich immer ein bisschen an Ameisenlöwen, die Larven der Florfliegen. Sie richten wenig Schaden an, meist bemerkt man noch nicht einmal, dass sie da sind.

Raupenfutterpflanzen

- Bergminze (*Calamintha* sp.)
- Gewöhnlicher Dost (*Origanum vulgare*)
- Katzenminze (*Nepeta cataria*)
- Minze (*Mentha* sp.)
- Thymian (*Thymus* sp.)
- Wiesen-Salbei (*Salvia pratensis*)
- Zitronenmelisse (*Melissa officinalis*)

Förderung

Am liebsten haben die kleinen Falter mit dem Glamour-Faktor einen Kräutergarten oder ein Staudenbeet mit Katzen- und Bergminze. Wuchernder Minze versetzen sie zwar keinen tödlichen Schlag, nagen aber ein bisschen an ihrem Selbstwertgefühl. Gewöhnlicher Dost ist ja sowieso ein Garant für viele Garteninsekten, und nicht anders ist es mit den beiden Zünslern, die sich in dieser Futterpflanze einig sind.

STECKBRIEF

- *Spannweite 18 20 mm*
- *Vorderflügel weinrot mit goldenen Abzeichen, die beim Goldzünsler rundlicher, beim Pupurroten Zünsler länglich sind*
- *Flugzeit in 2 Generationen, bei P. purpuralis von April bis Juni und von Juni bis Oktober, bei P. aurata von Mai bis Juni und Juli bis August*
- *grüne bis rötliche, gepunktete Raupen, beim Goldzünsler mit dunklem Rücken, beim Purpurroten mit gelben Längsstreifen*
- *Falter tag- und nachtaktiv*
- *Überwinterung als Raupe*

» *Pyrausta despicata*. Die Raupe frisst an Wegerich.

Die Zünsler sind tagaktiv und lieben Oregano.

Braunwurz- und Königskerzen-Mönch

Shargacucullia scrophulariae, S. verbasci

Bei diesen beiden sehr ähnlichen Nachtfaltern herrscht das Kindchenschema vor: Die Raupen sind wunderschön und bunt wie Clowns, die Falter kommen dagegen lieber in gedeckten Farben daher. Man sieht sie seltener als die auffälligen Larven, die ohne Scheu sogar mitten auf den Blüten von Königskerzen oder Braunwurzen herumsitzen. Ihre Warnfarben zeigen schon an, dass sie von Vögeln sowieso nichts zu befürchten haben. Ihren Namen haben die Mönche von ihrer Kapuze über dem Kopf des Falters, die aus einem Haarschopf gebildet wird.

Auch in den Nahrungsvorlieben ähneln sich die Arten, der einen sind Königskerzen etwas lieber, der anderen Braunwurz-Arten, sie können aber grundsätzlich auf beiden Pflanzengattungen gefunden werden. Selbst beim Schmetterlingsflieder als Ersatzfutterpflanze sind sie sich einig.

Raupenfutterpflanzen

- Frühlings-Braunwurz (*Scrophularia vernalis*)
- Kleinblütige Königskerze (*Verbascum thapsus*)
- Knotige Braunwurz (*Scrophularia nodosa*)
- Mehlige Königskerze (*Verbascum lychnitis*)
- Schmetterlingsflieder (*Buddleja davidii*)
- Schwarze Königskerze (*Verbascum nigrum*)
- Violette Königskerze (*Verbascum phoeniceum*)

Förderung

Ein großer Bestand an Königskerzen und Braunwurzen lockt die Falter zur Eiablage an, besonders an warmen Hängen und in Steingärten. Da einem aber das Herz blutet, wenn die immerhin wunderschönen Raupen die Blüten einer zarten Violetten Königskerze verspeisen, ist ein Vorrat an Frühlings-Braunwurz oder ein Schmetterlingsflieder nützlich, auf den man die bunten Fressmaschinen umsiedeln kann.

STECKBRIEF

- *Spannweite 45–50 mm*
- *Vorderflügel in dunkelbraunen und hellbraunen Tönen und mit gezacktem Außenrand, beim Braunwurzmönch eher graue Zeichnung*
- *Falter mit auffälligem Haarschopf, der den Kopf wie eine Kapuze überdeckt*
- *Flugzeit in einer Generation von April bis Juni beim Königskerzen-Mönch und Mai bis August beim Braunwurz-Mönch*
- *Raupen in der Grundfarbe weiß mit gelben Querstreifen, auf denen schwarze Punkte und Flecken gezeichnet sind*
- *Überwinterung als Puppe im Boden*

Gammaeule *Autographa gamma*

Sie ist der Vorzeige-Nachtfalter, da sie auch am Tage fliegt und durch die Gamma-Zeichnung auf dem Vorderflügel zu erkennen ist. Es gibt zwar einige sehr ähnliche *Autographa*-Arten, die Gammaeule ist aber in Gärten bei Weitem die häufigste. Sie schwirrt nahezu berührungslos vor Blüten und ist dann eine auffällige Erscheinung im Sommergarten. Einmal hingesetzt, ist der Falter so gut getarnt, dass man ihn kaum wiederfindet.

Auch die grünen Raupen spielen gern Verstecken und sind in der Vegetation schwer aufzuspüren. Es ist daher immer erstaunlich, mit welcher Zielsicherheit eine Kohlmeise die für uns unsichtbare Larve aus dem Laub fischt.

Der Wanderfalter, der jedes Jahr aus dem Süden wieder einwandern muss, kann sich in Ausnahmejahren so stark vermehren, dass es zu Schäden an Kulturpflanzen kommen kann. Im Normalfall bemerkt man die Raupen aber kaum. Eine große Invasion von Gammaeulen ist außerdem eine begehrte Delikatesse bei Singvögeln und Fledermäusen – da die Falter am Tag und in der Nacht fliegen, passen sie in den Stundenplan vieler Räuber.

Raupenfutterpflanzen (Auswahl)

- Brennnessel (*Urtica* sp.)
- Echter Salbei (*Salvia officinalis*)
- Löwenzahn (*Taraxacum* sp.)
- Pflaume (*Prunus domestica*)
- Salat (*Lactuca sativa*)
- Wiesen-Salbei (*Salvia pratensis*)

Förderung

Da die Raupen kein Blatt vor den Mund nehmen und ein überaus großes Spektrum an Futterpflanzen haben, kommen sie in artenreichen Staudengärten mit ein paar Kulturpflanzen schon über die Runden. Die Falter besuchen Nelkengewächse, Flockenblumen, Skabiosen, Thymian, Sommerflieder, Astern, Wald-Geißblatt und viele andere Blüten.

STECKBRIEF

- *Spannweite 35–40 mm*
- *Vorderflügel braun-schwarz mit einer weißen, Gamma-ähnlichen Zeichnung*
- *Falter mit Buckel hinter dem Kopf*
- *Flugzeit von Mai bis Oktober in mehreren Generationen*
- *weiße, runde Eier werden in großen Gruppen abgelegt*
- *Raupe grün mit weißen Seiten- und Längsstreifen, Jungraupen grün mit schwarzen Punkten*
- *Wanderfalter, der jedes Jahr aus Südeuropa einwandert und bei uns selten überwintert*

Stachelbeerspanner *Abraxas grossulariata*

Der Frostspanner ist so bekannt wie berüchtigt und so haben Spanner allgemein keinen guten Ruf. Der Stachelbeerspanner aber ist ein ganz netter und nicht nur hübsch, sondern auch minimalinvasiv für die Futterpflanzen: Wenn eine Stachelbeere im Sommer völlig entlaubt dasteht, kann er die Unschuld vom Lande spielen, denn das waren dann Blattwespen. Der Stachelbeerspanner legt seine Eier erst viel später ab und auch nur ganz wenige.

Der Falter ist lustig gepunktet mit orangefarbenen Streifen, die nachtaktiven Raupen haben dieses Farbschema übernommen, was alle Stadien unverwechselbar macht – nur bei flüchtigem Blick kann der Schmetterling für den ebenfalls dunkel gepunkteten Brennnesselzünsler gehalten werden, der viel häufiger ist. Selbst die Puppe ist einmalig mit schwarzer Grundfärbung und gelben Ringelstreifen. Leider ist der kleine Harlekin mittlerweile selten geworden, ebenso wie der klassische Bauerngarten, in dem er früher seine Futterpflanzen gefunden hat.

Raupenfutterpflanzen

- Alpen-Johannisbeere (*Ribes alpinum*)
- Josta-Beere (*Ribes × nidigrolaria*)
- Rote Johannisbeere (*Ribes rubrum*)
- Schlehe (*Prunus spinosa*)
- Schwarze Johannisbeere (*Ribes nigrum*)
- Stachelbeere (*Ribes uva-crispa*)
- Weißdorn (*Crataegus* sp.)

Förderung

Wenn Sie gerne Obst essen, richten Sie dem Stachelbeerspanner einfach eine Ecke mit Beerensträuchern ein. Das geht ganz platzsparend mit Hochstämmchen neben normalen Sträuchern oder Stauden. Die Josta-Beere dagegen wird so groß, dass sie sich als Solitär mit Sichtschutzqualitäten eignet. Die Raupen der Stachelbeerblattwespe sollten Sie konsequent absammeln, damit der Stachelbeerspanner noch was zu beißen hat.

STECKBRIEF

- *Spannweite 35–40 mm*
- *Flügel weiß mit schwarzen Punktreihen und orangefarbenen Binden*
- *Flugzeit von Ende Juni bis August in einer Generation*
- *die gelben, platten Eier werden in kleinen Gruppen auf der Blattunterseite abgelegt*
- *Jungraupe noch grün, ältere Raupen weiß mit schwarzen Punkten und orangefarbenen Längsstreifen*
- *Überwinterung als Raupe, Verpuppung im Frühjahr an der Futterpflanze*

Ein Männchen vom Aurorafalter wartet am Wiesen-Schaumkraut auf ein Weibchen.

Es ist angerichtet

Raupenfutter-pflanzen

Die hier vorgestellten Esswaren für Raupen passen auch in den kleinen Hausgarten. Sie lassen sich nicht nur bereitwillig beknabbern, sondern sind außerdem sehr dekorativ. Ihre Blüten ziehen Insekten an.

Gewöhnliches Barbarakraut *Barbarea vulgaris*

Wie ein kleiner Raps sieht das Barbarakraut aus, riecht aber nicht so streng und schmeckt besser. Es wird auch Winterkresse genannt, da die grünen Blattrosetten im Winter bis zum Barbaratag am vierten Dezember geerntet werden können. Im Geschmack erinnern die Blätter an Kresse und lassen sich auch so verwenden.

Die gelben Blüten sind ebenfalls essbar, allerdings darf man es nicht übertreiben, damit sich die zweijährige Pflanze auch noch aussäen kann. Auch Honig- und Wildbienen hätten gern noch etwas davon.

Der Grünader-Weißling (*Pieris napi*), der Große Kohlweißling und der Aurorafalter lassen sich die Pflanze als Raupen schmecken. Die heimische Art sorgt durch Aussaat selbst für ihren Erhalt, Sie können sie aber von August bis September auch gezielt aus Samen heranziehen.

Mein Tipp Da das Barbarakraut keinen allzu trockenen Boden mag, eignet es sich für die unterste Etage einer Kräuterspirale. Ein schöner Partner und auch für Schmetterlinge und Wildbienen interessant ist das ebenfalls gelb blühende, heimische Scharbockskraut (*Ranunculus ficaria*), von dem es handzahme Sorten gibt wie die dunkellaubige 'Brazen Hussy'.

STECKBRIEF

- *Höhe 30–90 cm, Breite 30 cm*
- *gelbe Blüten von Mai bis Juli, bei ausreichend Wärme oft schon ab April*
- *mag Sonne oder Halbschatten*
- *liebt einen nährstoffreichen, nicht zu trockenen Boden*
- *zweijährig, manchmal mehrjährig, sät sich selbst aus*
- *wintergrün*
- *heimisch*

Arten und Sorten

- *Barbarera verna*: Frühlings-Barbarakraut, 30 cm hoch, gelbe Blüten von April bis Mai
- 'Variegata': Weißbuntes Laub

Frühlings-Braunwurz *Scrophularia vernalis*

Vielleicht haben Sie die Knotige Braunwurz, eine heimische Staude, schon einmal beim Waldspaziergang gesehen, oder besser übersehen, denn die kleinen Blüten, die von Hummeln und Wespen besucht werden, sind keine konventionellen Schönheiten. Als Raupenfutterpflanze kommen beide in Frage, doch die Frühlings-Braunwurz aus Südosteuropa ist die glamourösere mit auffälligen gelben Blüten.

Die Pflanze ist zweijährig, überwintert als grüne Blattrosette und blüht im nächsten Frühjahr. Sie erreicht eine stattliche Höhe mit ordentlicher Blattmasse, sodass die hübschen Raupen von Braunwurz- und Königskerzen-Mönch sich an ihr sattfressen können. Nach der Blüte, die Hummeln anzieht, stirbt sie meist ab, sät sich aber selbst aus.

Mein Tipp Die Frühlings-Braunwurz ist der Überraschungsgast für neu angelegte Staudenbeete, wo sie sich kreativ gibt und immer neue Plätze entdeckt. Es ist erstaunlich, welche Strecken die Samen zurücklegen – so tauchen Sämlinge plötzlich einige Meter entfernt von der Mutterpflanze auf, sofern der Boden offen genug ist. Ebenfalls geeignet ist die sehr ähnliche, aber kleinere Gold-Braunwurz (*Scrophularia crysantha*), deren Blätter nach Mohnbrötchen duften.

STECKBRIEF

- *Höhe 20–60 cm, Breite 30 cm*
- *gelbe Blüten von April bis Mai, manchmal schon ab März*
- *für Sonne bis Halbschatten oder lichten Schatten*
- *anspruchslos, für jeden Boden ohne Staunässe*
- *zweijährig, sät sich selbst aus*
- *wächst rasch*
- *wintergrün*
- *für das Blackbox-Gardening geeignet*

Diptam *Dictamnus albus*

Der Diptam ist geradezu legendär, weil er ein Zirkuskunststückchen beherrscht: Seine ätherischen Öle sollen sich leicht entzünden lassen, daher sein Spitzname „Brennender Busch“. Dem Schwalbenschwanz ist es allerdings lieber, wenn man solche Experimente sein lässt, denn seine Raupen fressen gern an der Pflanze. Bienen besuchen außerdem die Blüten.

Auch ohne zu zündeln kann man das zitronige Aroma der Staude bei warmem Wetter genießen. Überhaupt hat die Pflanze großen Zierwert mit ihren rosafarbenen Blütenständen über attraktivem Laub. Selbst die Fruchtstände sind hübsch und schmücken den ganzen Winter hindurch. Noch ein Pluspunkt: Der Diptam wird recht alt und ist ein Freund fürs Leben. In der Natur ist er bedroht, freut sich also sehr über einen Platz im Garten.

Mein Tipp Der Diptam gehört zu den Rautengewächsen, wie auch die gelb blühende Weinraute. Sie ist ebenfalls eine attraktive Duftpflanze, die mit dem Diptam ein gutes Gespann abgibt, vor allem, weil sie genauso zu den Futterpflanzen der Schwalbenschwanzraupen gehört.

Sorte

- 'Albiflorus': Weiße Blüten

STECKBRIEF

- *Höhe 80–120 cm, Breite 50 cm*
- *rosa Blüten von Juni bis Juli*
- *für Sonne, Halbschatten oder lichten Schatten*
- *liebt einen kalkhaltigen, durchlässigen Boden an einem warmen Platz*
- *verträgt Trockenheit*
- *heimische Staude*
- *Duftpflanze*
- *giftig, Berührung bei Sonne kann zu Hautverbrennungen führen*

Eselsdistel *Onopordum acanthium*

Groß wie ein Esel und grau wie ein Esel – diese dominante Distel mit ihren rasierpinselartigen lilafarbenen Blüten macht als Solitär ebenso viel her wie ein Kandelaber-Kaktus. Im ersten Jahr entwickelt sie eine große graue Blattrosette und eine Pfahlwurzel. Im zweiten Sommer legt sie dann so richtig los, schießt in die Höhe, bis sie den Gärtner überragt. Dann verzweigt sie sich zu einer vielarmigen Gestalt, an der immer neue große Blüten erscheinen, die Ähnlichkeit mit einer Artischocke haben. Dank der grau behaarten Blätter und des mächtigen Wurzelwerks verträgt die Pflanze Trockenheit ganz hervorragend.

Distelfalterraupen fressen am Laub, während weiter oben Schmetterlinge und Hummeln die Blüten besuchen. Die Samen sind bei Stieglitzen und anderen Vögeln begehrt.

Mein Tipp Die Eselsdistel kann ein bewaffneter Türsteher im sonnigen Vorgarten sein, wo sie mit ihrer außergewöhnlichen Gestalt zum Empfangskomitee wird. Ebenso wohl fühlt sie sich im Kiesbeet zusammen mit anderen trockenheitsliebenden Pflanzen, wie Purpur-Leinkraut, Lavendel, Königskerzen, Natternkopf, Roter Spornblume oder Salbei. Ein Zuviel an Sämlingen muss in früher Jugend ausgedünnt werden – sie lassen sich an distellose Mitmenschen weiterverschenken.

STECKBRIEF

- *Höhe 150–300 cm und Breite 100 cm*
- *lilafarbene Blüten von Juli bis September*
- *graue, stachlige Blätter*
- *liebt die Sonne*
- *für jeden normalen Boden, nur Staunässe wird nicht vertragen*
- *sehr trockenheitsresistent*
- *zweijährig, sät sich selbst aus*
- *einfach aus Samen zu ziehen*

Gewöhnlicher Faulbaum *Frangula alnus*

Der Faulbaum müsste eigentlich Zitronenfalterbaum heißen, das wäre seiner Karriere sehr förderlich. Tagfalter wie der Admiral, viele verschiedene Schwebfliegen, Sandbienen, Hummeln und Honigbienen gehören zu den Blütenbesuchern. Die Beeren, die zunächst rot sind und sich bei Reife schwarz verfärben, erscheinen noch während der Blüte. Für Vögel sind sie eine begehrte Nahrung.

Der Faulbaum fühlt sich an jedem Gartenstandort wohl und kommt sogar mit moorigem oder sandigem Boden zurecht. Neben dem Zitronenfalter fressen auch Garten-Bläuling, Grüner Zipfelfalter, Schwan, Schlehen-Bürstenspinner, Faulbaum-Glasflügler und viele andere an den Blättern.

Mein Tipp Da die Zitronenfalter als erwachsene Tiere überwintern und ihre Eier an die sich öffnenden Knospen ablegen, kann im Herbst oder Spätwinter geschnitten werden. Dabei können Sie ganze Äste an der Basis herausnehmen, damit die Falter sich den Eiablageort an Triebspitzen der verbliebenen Äste aussuchen können. Da am liebsten überschaubare Sträucher belegt werden, schadet ein Rückschnitt nicht.

Sorten

- 'Columnaris': 2–3 m hoch, 1–1,5 m breit
- 'Minaret': 2 m hoch und 0,5 m breit

STECKBRIEF

- *die Wildform wird 3–5 m hoch und 2–4 m breit*
- *weiße Blüten im Mai und Juni, Nachblüte bis in den Herbst*
- *verträgt Sonne bis Schatten*
- *mag jeden nicht zu trockenen Boden, toleriert sogar feuchte oder verdichtete Böden*
- *rote Beeren ab Juli, die sich später schwarz verfärben, giftig*
- *gelbe Herbstfärbung*
- *laubabwerfend*

Fenchel

Foeniculum vulgare

Fenchel ist nicht nur gesund, sondern auch so richtig zum Knuddeln: Der Austrieb ist weich wie ein Golden Retriever, riecht aber besser. Die Pflanze ist zweijährig und bildet im zweiten Sommer einen ausladenden Busch voller gelber Blüten, die von Schwebfliegen, Feldwespen und Bienen besucht werden. Die schicke schwarz-rote Streifenwanze veranstaltet dort gern ihre Pyjama-Partys.

Die Samen können Sie zu würzigem Fencheltee aufgießen, einige reife sollten für die Neuaussaat zurückgelegt werden. Der Schwalbenschwanz legt seine Eier am Laub ab, wo die Raupen immer genug zu fressen finden. Nach der Blüte stirbt der Fenchel ab, die Fruchtstände bleiben aber lange dekorativ und strukturbildend, sie können daher bis zum nächsten Frühjahr stehen bleiben und für Nachwuchs sorgen.

Mein Tipp Größere Schwalbenschwanzraupen sind alles andere als tarnfarben und werden von Vögeln gemieden. Daher darf man beim Fenchel auch zu andersfarbigen Auslesen greifen: Bronze-Fenchel mit seinen dunklen Blättern setzt Akzente im Beet. Allerdings kann er für Schnappatmung sorgen, denn der kaffeebraune Austrieb sieht von weitem aus wie eine Nacktschneckeninvasion.

Sorten

- 'Rubrum': Der klassische Bronze-Fenchel mit braunem Laub, bis 150 cm hoch
- 'Smokey': Ebenfalls dunkellaubig mit tiefbraunem Austrieb, 80–85 cm hoch

STECKBRIEF

- *Höhe je nach Sorte 80–150 cm, Breite 50 cm*
- *gelbe Blüten von Juli bis September*
- *mag Sonne oder Halbschatten*
- *bevorzugt einen nährstoffreichen, durchlässigen Boden*
- *zweijährig*
- *leicht aus Samen zu ziehen*
- *sät sich selbst aus*
- *essbar*
- *Heilpflanze*

Färber-Ginster *Genista tinctoria*

Ginster ist bekannt als großer Strauch, diese Art macht aber eine Ausnahme und duckt sich. Da der Färber-Ginster auf sehr trockenen, steinigen und mageren Böden wächst, muss er haushalten und bleibt so angenehm kompakt. Das ist in kleinen Gärten ein großer Vorteil, denn man kann den gelben Zwerg wie eine Staude behandeln und im Beetvordergrund zur Schau stellen. Sogar im Kübel kann er wachsen.

Die Blüten werden gern von Hummeln bestäubt. Obwohl der heimische Strauch so klein ist, ist er Raupenfutterpflanze für eine große Zahl von Arten. Besonders Eulenfalter und Spanner zählen zu den Kostgängern, unter den Tagfaltern sind es der Grüne Zipfelfalter und der Alexis-Bläuling, der aber hohe Ansprüche an das Gesamtpaket stellt und in Gärten selten ist.

Mein Tipp Als ebenfalls niedrig bleibende Partner eignen sich Dornige Hauhechel, Essig-Rose, Purpur-Geißklee und Besen-Heide, die farblich kontrastieren. Soll das Beet Ton in Ton bleiben, sind der Gewöhnliche Hornklee und der Schwarzwerdende Geißklee gute Nachbarn. Farblich eher neutral verhält sich die Kriech-Weide.

STECKBRIEF

- *Höhe 20–100 cm, Breite 50–100 cm*
- *gelbe Blüten von Mai bis August*
- *für Sonne oder Halbschatten*
- *mag einen durchlässigen, trockenen Standort, der mager sein sollte und sandig sein darf*
- *heimischer Halbstrauch*
- *Färberpflanze zur Herstellung gelber Farbe*

Sorte

- 'Royal Gold': Kompakter und aufrechter als die Art mit verlängerter Blütezeit, bis 100 cm hoch

Blutroter Hartriegel *Cornus sanguinea*

Dieser heimische, laubabwerfende Strauch heizt dem Garten im Winter richtig ein und lässt Sie Rot sehen: Die Rinde der jungen Triebe ist feurig gefärbt mit exzellenter Fernwirkung. Die im Mai erscheinenden weißen Blüten sind eine gute Bienenweide vor allem für Sandbienen und Hummeln und werden auch von Käfern und Schmetterlingen besucht. Im Herbst färbt sich das Laub rötlich. Die blauschwarzen Beeren werden von Vögeln gefressen.

Am Laub finden sich die Raupen zahlreicher Falterarten, unter anderem fressen hier der Garten-Bläuling, der Hartriegelspanner, der Grüne Zipfelfalter, die Pyramideneule und weitere Nachtfalter. Der Strauch kann vor allem auf feuchten Böden Ausläufer bilden, zahmer und kleiner sind die Sorten, die eine prächtigere Färbung der Äste haben.

Mein Tipp An älteren Trieben lässt die rote Rindenfärbung nach, der Strauch muss dann verjüngt werden. Damit noch genug Futter für die Schmetterlinge und auch Blütenknospen übrig bleiben, können Sie im Spätwinter jeden zweiten oder dritten Zweig bodennah zurückschneiden. Hartriegeläste bewurzeln in der Vase, sodass Sie leicht Ableger ziehen können.

Sorten

- 'Winter Beauty': Kaum Ausläufer, leuchtend rote Zweige
- 'Anny's Winter Orange': Kompakt, bis 2 m hoch, mit orangefarbener Rinde

STECKBRIEF

- *Höhe und Breite 2,5–3 m, durch Schnitt aber kleiner zu halten*
- *weiße Blüten im Juni*
- *blutrote Rinde*
- *für Sonne bis Schatten, bei zu wenig Sonne aber weniger Blüten*
- *bevorzugt einen kalkhaltigen, nährstoffreichen Boden, auch für feuchte Standorte*
- *heimischer Strauch*

Dornige Hauhechel *Ononis spinosa*

Im Gartencenter findet man diesen kratzbürstigen, kleinen Strauch sicher nicht. Das ist schade, denn er passt zu den immer trockener werdenden Sommern und erfreut selbst bei Dürre noch mit rosafarbenen Blüten an dornigen Zweigen. Von Hause aus wächst die heimische Art auf sonnigen Kalkmagerrasen – ein Lebensraum, der selten geworden ist. Warum also den Zwerg nicht in den Garten holen?

Hummeln, Kleiner Feuerfalter und Wollbienen mögen die Blüten, am Laub fressen einige Schmetterlinge, die genauso zierlich sind wie die Hauhechel selbst: Der Gemeine Bläuling (früher Hauhechel-Bläuling genannt) ist sicherlich das Highlight an der Pflanze, außerdem gehören die Ampfer-Rindeneule, der Kleespinner, die Hauhechel- und die Karden-Sonneneule zur Kundschaft.

Mein Tipp Der winzige Strauch lässt sich gut mit anderen kleinen Schmetterlingsblütlern in ein sonniges Beet pflanzen, das durch den geringen Durst seiner Bewohner kaum Arbeit macht. Gut passen der Gewöhnliche Hornklee und der Färber-Ginster, aber auch Färber-Hundskamille und Wiesen-Salbei. Für den Beethintergrund eignen sich Moschus-Malve und Luzerne.

STECKBRIEF

- *Höhe 20–60 cm hoch, Breite 50 cm*
- *rosafarbene, selten weiße Blüten von Juni bis September*
- *bevorzugt einen sonnigen bis halbschattigen Standort*
- *für einen mageren, warmen Boden, verträgt Kalk*
- *sehr trockenheitsverträglich, da mit einer Pfahlwurzel ausgestattet*
- *laubabwerfender heimischer Zwergstrauch*
- *an offenen Standorten ist Selbstaussaat möglich*
- *kein Schneckenfraß*
- *Heilpflanze*

Gewöhnlicher Hornklee *Lotus corniculatus*

Nicht alle Sommerblüher müssen aus Nordamerika kommen: Der heimische Hornklee ist zwar winzig, aber blüht ununterbrochen den ganzen Sommer lang in fröhlichem Gelb. Im Garten nimmt er auch mit Plätzen vorlieb, an denen hohe Prachtstauden versagen. Er kommt mit Trockenheit zurecht und wurzelt durch den steinigsten Boden. In der mageren Blumenwiese ist er ebenso einsatzfähig wie am Fuße von Trockenmauern oder einem trockenen Beet an der Hauswand. Der Gewöhnliche Hornklee reichert den Boden mit Stickstoff an und ist damit Selbstversorger. Daher ist ihm der Nährstoffgehalt des Bodens ziemlich egal. Er wächst also auch im eher nährstoffreichen Blumenrasen.

Die Blüten werden von Hummeln und Schmetterlingen besucht, am Laub legen viele Falter Eier ab, darunter Goldene Acht, Postillon, Kurzschwänziger und Gemeiner Bläuling und einige Widderchen-Arten – für die Schmetterlinge ist die kleine Staude also der ganz große Wurf.

Mein Tipp Wird Verblühtes herausgeschnitten, regt dies eine Nachblüte an. Die Sorte 'Pleniflorus' mit den gefüllten Blüten ist zwar immer noch als Raupenfutter interessant, hat aber für Blütenbesucher wenig Wert.

STECKBRIEF

- *Höhe 5–40 cm, Breite 30 cm*
- *gelbe oder orangefarbene Blüten von Mai bis September*
- *mag Sonne oder Halbschatten*
- *liebt kalkhaltige Lehmböden, die trocken, steinig und mager sein dürfen*
- *heimische Staude*
- *auch für Balkonkästen und Kübel geeignet*

Echte Kapuzinerkresse *Tropaeolum majus*

Die südamerikanische Kapuzinerkresse ist ein leuchtendes Beispiel dafür, dass bei Schmetterlingen nur die Chemie stimmen muss: Obwohl sie nicht heimisch ist, legen Kleiner und Großer Kohlweißling Eier am Laub ab, da ihnen die enthaltenen Senföle vom Kohl her bekannt vorkommen. Hummeln lieben die Blüten der kletternden Sommerblume. Die rundlichen Blätter sind zierend, die Blütezeit erstreckt sich über den ganzen Sommer bis in den Herbst hinein. Für eine optimale Raupenkinderstube ziehen Sie die Kapuzinerkresse im Frühjahr auf der Fensterbank vor, nach den Eisheiligen kann sie entweder ins Staudenbeet oder in einen Kübel auf die Terrasse oder den Balkon umziehen.

Mein Tipp Auch uns mundet die Kapuzinerkresse. Die Blätter schmecken würzig wie Gartenkresse und veredeln klein gehackt jeden Kräuterquark. Die letzten Blüten der Saison können Sie pflücken und in Kürbissuppe schwimmen lassen, was nicht nur gut aussieht, sondern auch Würze bringt.

Sorten

- ‘Black Velvet’: Kompakt, bis 35 cm hoch, rote Blüten
- ‘Cream Purple Spot’: Nur 40 cm hoch, fast weiße Blüten mit roten Flecken
- ‘Empress of India’: Buschig wachsend, dunkle Blüten
- ‘Jewel of Africa’: Gut rankend mit panaschierten Blättern
- ‘Peach Melba’: Gelbe Blüten mit orangefarbenen Tupfen, bis 35 cm hoch

STECKBRIEF

- *Höhe je nach Sorte 30–300 cm am Gerüst oder breit rankend am Boden*
- *orangefarbene Blüten ab Juni oder Juli bis zum Frost*
- *für Sonne bis Halbschatten oder lichten Schatten*
- *mag jeden Boden, der nicht staunass ist*
- *Kletterpflanze*
- *einjährig, die dicken Samen keimen leicht*

Gewöhnliche Knoblauchsrauke *Alliaria petiolata*

Bei dieser Pflanze ist es schwierig zu entscheiden, ob wir sie für Schmetterlinge pflanzen oder aus purem Eigennutz, denn alles an ihr ist kulinarisch verwertbar. Die jungen Blätter schmecken nach Knoblauch, später im Jahr werden sie scharf wie Kresse. Selbst die Pfahlwurzel ist essbar und aus den Samen lässt sich Senf herstellen.

Die meist zweijährige, heimische Art siedelt sich gern von allein im Garten an und sät sich aus. Sie zeigt wie die Brennnessel einen hohen Stickstoffgehalt im Boden an. Die weißen Blüten leuchten aus schattigen Stellen unter Sträuchern hervor, wo sie Waldbrettspiel, Grüne Zipfelfalter (Bild), Landkärtchen, Aurorafalter und Grünader-Weißling anlocken, die letzteren beiden legen Eier an der Pflanze ab. Dies tut auch der Mehlfarbene Raukenspanner, der aber viel seltener ist. Wildbienen, zum Beispiel Sandbienen, besuchen die Blüten gern.

Mein Tipp Probieren Sie die Blätter einmal im zeitigen Frühjahr im Kräuterquark. Hat man das einmal gekostet, gönnt man der Pflanze – und damit auch den Faltern – gern einen ganzen Flecken im schattigen Eckchen. Die Fruchtstände können den Puppen des Aurorafalters zuliebe den Winter über stehenbleiben – im Gegenlicht leuchten die Schoten hübsch, was bei einem größeren Bestand eine gute Fernwirkung erzeugt.

STECKBRIEF

- Höhe 30–100 cm, Breite 30–50 cm
- weiße Blüten von April bis Mai, manchmal Nachblüte im Juli oder August
- für Sonne, Halbschatten oder Schatten
- liebt nährstoffreiche Gartenböden
- zweijährig, selten kurzlebige Staude

Bunte Kronwicke *Coronilla varia*

Auch heimische Pflanzen können im Sommer dauerblühen und in dieser Disziplin macht der Bunten Kronwicke so schnell keiner was vor. Ihre Blütenkugeln erscheinen bei genügend Sonne unermüdlich, durch die verschiedenfarbigen Rosatöne wirken sie bunt. Sie locken Hummeln und Schmetterlinge an, ganz besonders gut stehen ihnen Schachbrettfalter und Bläulinge. Als Raupenfutter kommt die Pflanze für den Kurzschwänzigen und Himmelblauen Bläuling, Goldene Acht und Hufeisenklee-Gelbling in Frage. Gießen und Düngen müssen Sie die Pflanze nicht, da sie wie viele Schmetterlingsblütler tief wurzelt und stickstoffsammelnde Bakterien rekrutiert.

Mein Tipp Setzen Sie die Kronwicke besser nicht ins Staudenbeet, denn dort kann sie für zartbesaitete Nachbarpflanzen ungemütlich werden. Ihre Talente liegen in der Begrünung trockener Hänge, Mauern und Kiesbeete. Dort ist sie anspruchslos und ihre Wüchsigkeit nicht fehl am Platze. Mitmachen kann sie auch in der mageren Blumenwiese oder in einem von anderen Gartenteilen abgeschlossenen Bereich mit trockenem, steinigem Boden in der Sonne. Gute Partner sind Gewöhnlicher Hornklee, Johanniskraut, Gemeine Schafgarbe oder Gewöhnlicher Dost.

STECKBRIEF

- *Höhe 30–50 cm, Bodendecker*
- *rosafarbene Blüten von Juni bis September*
- *mag Sonne oder Halbschatten*
- *bevorzugt einen mageren, kalkhaltigen Boden, der steinig und trocken sein darf*
- *heimische Staude*
- *treibt Ausläufer*
- *Giftpflanze*

Echtes Labkraut

Galium verum

Seine gelben, duftenden Blütenwolken verleihen dem Sommerbeet eine heitere, luftige Stimmung. Doch die Zartheit täuscht: Unterirdisch hat es das Echte Labkraut faustdick hinter den Ohren und treibt dort sein wucherndes Unwesen mit Hilfe von Ausläufern. Im Garten eignet es sich daher am besten für ein Inselbeet im Rasen oder einen anderen, abgetrennten Bereich, wo ihm klare Grenzen gesetzt werden. In einer Blumenwiese kann es sich legal austoben und Insekten mit seiner langen Blütezeit glücklich machen.

Zur Kundschaft des Echten Labkrauts gehören die Raupen von Taubenschwänzchen, Labkrautschwärmer, Kleinem Weinschwärmer, Purpur- und Flecken-Bär. Hinzu kommen zahlreiche Spannerarten – die ganze Wucherei ist aus Faltersicht also gern gesehen.

Mein Tipp Ein sonnig-gelbes Insektenbeet entsteht zusammen mit Rainfarn (*Tanacetum vulgare*) und Zypressen-Wolfsmilch, die ebenfalls etwas ausufernde Zeitgenossen sind und sich gegenseitig in die Schranken weisen können. So ist Schmetterlingen und Wildbienen gleichzeitig geholfen. Als blühende Vorhut eignen sich gelbe Wildtulpen, wie die Zwerg-Stern-Tulpe (*Tulipa tarda*) und die Weinberg-Tulpe (*Tulipa sylvestris*), die besonders gut verwildert.

STECKBRIEF

- Höhe 30–50 cm, ausläuferbildend
- gelbe Blüten von Mai bis September
- mag Sonne bis Halbschatten
- bevorzugt eher nährstoffarme, kalkhaltige Böden, gerne auf Sand
- verträgt Trockenheit gut
- Staude
- wird von Schnecken gemieden

Luzerne *Medicago sativa*

Hinter dieser Pflanze liegt bereits eine steile Karriere, da man sie seit Jahrhunderten für die Gewinnung von Viehfutter genutzt hat. Zum Leidwesen vieler Schmetterlinge ist die Luzerne hierzulande mittlerweile von Mais und Soja verdrängt worden. Das ist schade, denn sie blüht viel schöner und ist eine ganz genügsame Vertreterin unter den Schmetterlingsblütlern.

Sie ist nicht nur eine gute Vieh-, sondern auch eine beliebte Bienenweide, zumindest bei Hummeln, die mit den etwas zickigen Blüten, die sich gern verschlossen geben, gut umgehen können. Durch die lange Blütezeit schließt die Luzerne das nahrungsarme Sommerloch für die Hummeln. Unter den Schmetterlingen sind es Postillon, Goldene Acht, Gammaeule, Kurzschwänziger und Garten-Bläuling, Karden-Sonneneule, Zimt-Bär und Gemeiner Bläuling, die ihre Eier an die Pflanze legen.

Mein Tipp Sind genügend Hummeln in der Nähe, kann sich die Luzerne stark aussäen. Sie eignet sich daher nicht gut für gepflegte Rabatten, sondern kann dort punkten, wo Spontaneität und ein bisschen Wildwuchs gefragt sind. Durch die Stickstofffixierung eignet sie sich aber auch als Vorkultur im Gemüsegarten, da sie Starkzehrern den Boden bereitet.

STECKBRIEF

- *Höhe 30–80 cm, Breite 30 cm*
- *lilafarbene Blüten von Juni bis Oktober*
- *mag Sonne bis Halbschatten*
- *mag einen kalkhaltigen, leichten, mageren Boden, der sich rasch erwärmt*
- *trockenheitsverträglich, da tief wurzelnd*
- *Staude*
- *Aussaat von April bis August*
- *Gründüngungs- und Futterpflanze*

Moschus-Malve *Malva moschata*

Die duftende, immer locker-flockig wirkende Moschus-Malve ist ein richtiges Multitalent im Garten. An einem sonnigen, mageren Standort ist sie übersät mit großen, rosafarbenen Blüten und muss selbst bei großer Trockenheit kaum einmal gegossen werden. Hummeln und Honigbienen sammeln den großzügig vorhandenen Pollen, Tagfalter lassen sich als Nektarsucher blicken. An den Samen saugen später die auffälligen rotschwarzen Feuerwanzen. Trotzdem sät sich die Staude gut selbst aus.

Als Raupenfutterpflanze ist die Pflanze nicht gerade überfrequentiert, doch ein paar ganz besondere Gäste hat sie doch: den Malven-Dickkopffalter, die Gemüseeule und den Malven-Blattspanner. Ein Teil-Rückschnitt der verblühten Stängel fördert einen frischen Neuaustrieb für die zweite Generation des Malven-Dickkopffalters und verlängert die Lebenszeit der Staude.

Mein Tipp Ebenso als Nahrung für den Malven-Dickkopffalter geeignet ist die Wilde Malve (*Malva sylvestris*). Beide Arten wachsen gut und gern im selben Beet, die Wilde Malve mit den gestreiften Blütenblättern ist aber nur zweijährig und sucht sich immer neue Plätze im Garten.

Sorte

- 'Alba': Niedrige Sorte in strahlendem Weiß

STECKBRIEF

- *Höhe 20–125 cm, Breite 50 cm*
- *rosafarbene Blüte von Juni bis September*
- *mag Sonne oder Halbschatten*
- *verträgt sowohl nährstoffreiche als auch magere, trockene Böden*
- *kurzlebige Staude, die sich selbst aussät*
- *keine Gefahr durch Nacktschnecken*
- *Heilpflanze*
- *essbare Blüten*

Gewöhnliche Mariendistel *Silybum marianum*

Wenn es eine Blattschmuckpflanze unter den Disteln gibt, dann ist es diese ein- bis zweijährige Art. Das üppige, bewaffnete, grüne Laub ist fein weiß gezeichnet und würde jeden Kunstpreis gewinnen. Schon die sich im Jahr der Aussaat entwickelnde Blattrosette ist ein schöner Schmuck für jedes Staudenbeet. Im Sommer wachsen viele violette Distelblüten, die dank ihrer Größe auffallen. Sie sind eine gute Bienenweide. Die dicken Samen mit weichem Flugkörper werden gern von Sumpfmeisen geplündert. Dabei geht immer mal was daneben, was zur Selbstaussaat beiträgt. Der Distelfalter frisst am Laub, was bei der Masse der Blätter nicht schadet. Eine größere Anzahl an Pflanzen ist für die Falter, die gern im Schwarm reisen, eher interessant als wenige einzelne.

Mein Tipp Bei Frühjahrs-Aussaat blüht die Mariendistel oft schon im selben Jahr. Wird sie ab Hochsommer gesät, überwintert sie und blüht im nächsten Jahr. Da die Blätter so dekorativ sind, ist das zu verschmerzen – so können Sie die Kunstwerke den ganzen Winter lang ausgiebig bewundern.

STECKBRIEF

- *Höhe 150–200 cm, Breite 50 cm*
- *lilafarbene Blüten von Juni bis August*
- *weiß marmorierte, stachlige Blätter*
- *für Sonne bis Halbschatten*
- *anspruchslos, verträgt auch trockene, steinige Böden*
- *zweijährig, sät sich selbst aus*
- *einfach aus Samen zu ziehen*
- *Aussaat im März, April oder Juli bis September*
- *Heilpflanze*

Meerkohl

Crambe maritima

Ein- oder zweijähriges Futter extra für die Kohlweißlinge anzubauen ist mühsam und passt nicht immer in die Gartengestaltung. Wie schön wäre es, wenn es eine pflegeleichte, dekorative, aber dennoch essbare Staude gäbe – so eine eierlegende Wollmilchsau ist der an den Küsten heimische Meerkohl. Er erscheint jedes Jahr zuverlässig wieder auf der Bildfläche, sieht dabei blendend aus und verträgt Trockenheit. Seine brokkoliähnlichen Blütenknospen sind eine Delikatesse. Wenn man sie an der Pflanze belässt, entwickelt sich eine große weiße, an etwas zu dickes Schleierkraut erinnernde Blütenwolke. Das Laub ist im Austrieb violett, später graugrün und gewellt. Auch die Blätter sind essbar, noch mehr freuen sich aber Großer und Kleiner Kohlweißling darüber.

Mein Tipp Der Meerkohl wächst am besten in sonnigen Steingärten oder geräumigen Kiesbeeten. Die Nähe zu Pflanzen, die ihn verschatten, ist ihm zuwider. Gute Partner sind Rote Spornblume, Woll-Ziest und Mannstreu-Arten. Sie alle passen auch farblich hervorragend zum Kohl.

Alternativen

- Herzblättriger Meerkohl (*Crambe cordifolia*): Aus dem Kaukasus. Bis 1,8 m hoch, braucht Platz und einen humosen Boden; riesige weiße Blütenschleier
- Ewiger Kohl (*Brassica* sp.): Blütenloser, ausdauernder Gemüsekohl für nährstoffreiche Böden; Vermehrung nur über Stecklinge möglich

STECKBRIEF

- *Höhe 30–80 cm, Breite 60 cm*
- *weiße Blüten von Mai bis Juli*
- *gedeiht am besten in der vollen Sonne*
- *mag sandige oder kiesige Böden, die nährstoffarm sein sollten*
- *heimische Staude*
- *sät sich selbst aus*
- *schneckenempfindlich*
- *salztolerant*

Gewöhnliche Nachtkerze *Oenothera biennis*

Dieser Amerikanerin gefällt es bei uns so gut, dass sie sich besonders auf Ruderalflächen häuslich eingerichtet hat und nun sogar als eingebürgert gilt. Die zweijährige Pflanze bildet im ersten Jahr eine Blattrosette aus, die sich eng an den Boden schmiegt und erst nach der Überwinterung in höhere Gefilde aufsteigt. Die schlanken Kerzen mit den großen hellgelben Blüten blühen monatelang, sind aber erst abends eine große Leuchte: In der Dämmerung öffnen sich die Blüten und locken Nachtfalter an. Morgens müssen Hummeln und Bienen schnell sein, bevor das Welken beginnt. Der Pollen hängt an klebrigen Fäden, die die Blütenbesucher mitschleppen. Die dicken Raupen vom Nachtkerzenschwärmer und vom Mittleren Weinschwärmer fressen an der Pflanze, selten auch die vom Distelfalter. Stieglitze knabbern die Samen und verteilen sie dabei großzügig.

Mein Tipp Eine Pflanze sollten Sie unbedingt in Terrassennähe unterbringen, denn sie ist ein toller Party-Gag und spannende Abendunterhaltung: Die Blütenblätter entfalten sich so schnell, dass man dabei zuschauen kann, manchmal raschelt das sogar. Auch im Küchen- und Gemüsegarten muss die Nachtkerze nicht fehlen, denn die Pfahlwurzeln sind essbar und können wie Schwarzwurzeln zubereitet werden.

STECKBRIEF

- *Höhe 50–120 cm, selten 2 m, Breite 50 cm*
- *gelbe Blüten von Juni bis September*
- *mag Sonne bis Halbschatten*
- *für jeden Boden, Trockenheit wird gut vertragen*
- *zweijährig, auf offenem Boden reichliche Selbstaussaat*
- *nicht schneckengefährdet*

Großer Sauerampfer *Rumex acetosa*

Eigentlich wächst er wild auf feuchten Wiesen. Weil er aber so lecker ist, wurde er früher häufig im Garten kultiviert. Die pfeilförmigen und damit auch formschönen Blätter schmecken herrlich säuerlich und können ganz klassisch in Fischgerichten oder im Salat mitmischen. Die Blütenkerzen in Rosarot gewinnen zwar vielleicht keinen Schönheitspreis und gelten eher als Mauerblümchen, sind aber aus der Nähe betrachtet doch ganz hübsch und ergeben in der Masse eine gute Fernwirkung mit ihrem zarten Erröten.

Feuerfalter legen am Sauerampfer gern Eier ab, im Garten am ehesten der Kleine Feuerfalter. Er mag es am liebsten, wenn er ein paar Fleckchen unbewachsenen Boden in der Nähe hat. Dies kann ein Maulwurfshügel sein, aber auch ordentlich geharkte Reihen im Gemüsegarten, wo der Sauerampfer sowieso seit alters her hingehört.

Mein Tipp Das Laub kann ab April für die Küche geerntet werden. Achten Sie vor dem Verputzen auf die golfballartigen Eier und den typischen Loch- und Schabefraß der asselförmig platten Feuerfalterraupen. Solche Blätter dienen dann ausschließlich den Schmetterlingslarven als Lunchpaket.

Sorten und Alternativen

- 'Perfection': Ergiebige Auslese ohne Blüten, was die Feuerfalter aber nicht stört
- 'Profusion': Ebenfalls ohne Blüten
- Kleiner Sauerampfer (*Rumex acetosella*) 'Red Stripe': Rot geaderte Blätter

STECKBRIEF

- *Höhe 20–100 cm, Breite 30 cm*
- *rötliche Blüten von Mai bis August*
- *für Sonne oder Halbschatten*
- *liebt einen nährstoffreichen, nicht allzu trockenen Boden*
- *heimische Staude*
- *Küchenkraut*

Großfrüchtige Schlehe *Prunus spinosa* 'Reto'

Wenn die Gartentiere sich etwas wünschen dürften, dann wäre es eine dichte, dornige Schlehenhecke. Leider macht sich der wehrhafte Strauch durch Ausläufer unangenehm breit, sodass er nur für große Gärten in Frage kommt. Den Friedensnobelpreis der Gärtner gewinnt die auf Pflaume veredelte Sorte 'Reto', die damit ausläufer- und sorgenfrei ist. Ihre Früchte sind größer als bei der Wildart und nach Frosteinwirkung auch in der Küche verwendbar. Die Auslese wächst als kleiner Baum.

Die Schlehe ist Futterpflanze für den Nierenfleck-Zipfelfalter, die Weißdorneule, den Milchweißen Bindenspanner und viele andere Falter. Erwachsene Schmetterlinge und Wildbienen besuchen die weißen Blüten gern. Vögel schätzen den dornigen Strauch als Bodyguard und katzenfreien Nistplatz, außerdem mögen sie die blauen Früchte.

STECKBRIEF

- *Höhe und Breite 2–3 m*
- *weiße Blüten vor dem Laubaustrieb von März bis April*
- *bläuliche, essbare Früchte*
- *für einen sonnigen bis halbschattigen Platz*
- *liebt warme, gern auch trockene Böden, die kalkhaltig und nährstoffreich sein dürfen*
- *schnittverträglich*
- *selbstfruchtbar*

Mein Tipp Der Nierenfleck-Zipfelfalter und die beiden anderen oben genannten Arten legen ihre weißen Eier einzeln oder in kleinen Gruppen auf die Zweige, gern am Ansatz von Dornen. Die Eier überwintern. Sie können sie im Winter leicht auf der dunklen Rinde finden, am ehesten auf der Südseite. Der optimale Schnittzeitpunkt ist daher Ende Juni, wenn die Raupen sich verpuppt haben und die Falter bald schlüpfen. Dieser späte Schnitt bremst auch den Wuchs des Gehölzes.

Immergrüne Schleifenblume *Iberis sempervirens*

Erst 2008 hat es der Karst-Weißling aus dem Mittelmeerraum nach Deutschland geschafft, und das hat er insbesondere der in Gärten oft angepflanzten Schleifenblume zu verdanken, die seine liebste Raupenspeise ist und hier geduldig auf ihn gewartet hat. In der Zwischenzeit ist der schöne Falter weiter nach Norden vorgedrungen und kann fast bundesweit im Garten auftauchen. Es lohnt sich also, dem etwas in Vergessenheit geratenen Halbstrauch aus Südeuropa einen prominenten Platz auf der Trockenmauer, im Steingarten oder auch als Begleiter an Steinwegen einzuräumen. Auch die Raupen vom Kleinen Kohlweißling und vom Grünader-Weißling fressen an den Blättern. Die Pflanze trumpft mit immergrünen Polstern auf, lässt sich hübsch hängen und ist im Frühling übersät mit weißen Blüten, die Schmetterlinge anziehen.

Mein Tipp Perfekte Partner im Steingarten und auf Mauern sind andere polsterbildende Falterfreunde, wie Blaukissen (*Aubrieta*), Polster-Phlox (*Phlox subulata*) und Pfingst-Nelke (*Dianthus gratianopolitanus*). Das Strand-Silberkraut (*Lobularia maritima*), auch Duftsteinrich genannt, passt doppelt gut, da der Karst-Weißling auch dort Eier ablegen kann.

Sorten

- 'Schneeflocke': Gut wintergrün, bildet breite Kissen
- 'Zwergschneeflocke': Niedrig und reichblühend

STECKBRIEF

- *Höhe 25–30 cm, Bodendecker*
- *weiße Blüten von April bis Mai*
- *für Sonne oder Halbschatten*
- *bevorzugt einen durchlässigen, kalkreichen Boden mit mineralischem Substrat, das nährstoffarm und trocken sein darf*
- *immergrün*
- *gut winterhart*
- *keine Gefahr durch Nacktschnecken*

Einjähriges Silberblatt *Lunaria annua*

Der Name ist kein Programm: Die Pflanze ist zweijährig überwinternd. Da sie mit ihren silbrig schimmernden Fruchtständen aber das Vergängliche so schön veredelt, darf sie den Garten sogar bis ins nächste Frühjahr zieren.

Dem Aurorafalter kommt der Schmuckwert zugute: Erst besucht er die lilafarbenen Blüten, und wo er schon mal da ist, legt er heimlich ein Ei daran ab. Die grüne Raupe frisst an den Blüten und Schoten, man bemerkt sie aber kaum. Sie ist lauffaul und verpuppt sich oft direkt auf dem Silberblatt. Wären die Fruchtstände nicht so hübsch, würden sich die Püppchen sicher schnell im Kompost wiederfinden, was ihnen nicht gut bekommt. So wird das Einjährige Silberblatt zum Aurorafalter-Asyl. Die Pflanze sät sich selbst reichlich aus, die Sämlinge brauchen freien Boden zum Keimen.

Mein Tipp Die Aussaat der flachen braunen Samen ist ein Kinderspiel. Sie können die Pflanze im Frühjahr auf der Fensterbank vorziehen oder aber wie in der Natur im Herbst draußen in Töpfe säen. Die Samen keimen, wie es gerade in ihren Terminkalender passt: Manche sofort, manche erst im Frühjahr. Am schönsten wirken die Blüten unter Obstbäumen oder am Gehölzrand.

STECKBRIEF

- *Höhe 30–100 cm, Breite 30 cm*
- *violette Blüten von April bis Juni*
- *nach der Samenreife zierend durch die transparenten Zwischenwände der Schoten*
- *für einen sonnigen bis halbschattigen Platz*
- *mag nährstoffreiche, frische Böden, im Allgemeinen aber anspruchslos*
- *zweijährig*
- *Selbstaussaat*
- *Jungpflanzen sind schneckengefährdet*

Sorte

- 'Alba Variegata': Weiße Blüten über panaschiertem Laub

Stachelbeere *Ribes uva-crispa*

Die wehrhaften Sträucher mit den leckeren Beeren sind robust und vertragen sogar lichten Schatten recht gut. Aus den Früchten können Sie eine leckere Marmelade kochen, die man in keinem Supermarkt bekommt. Als Stämmchen veredelt ist die Stachelbeere äußerst platzsparend und duldet gefahrlos ein Fußvolk von bunten Stauden – ein Stützpfahl ist dabei Voraussetzung.

Die Blüten sind zwar unscheinbar, Baumhummeln und Fuchsrote Sandbiene mögen sie aber sehr. An den Blättern fressen die Raupen von C-Falter und Stachelbeerspanner. Sie scheinen eher Pflanzen zu bevorzugen, die nicht in der prallen Sonne, sondern halbschattig und luftfeucht stehen. Auch Nachtschwalbenschwanz, Johannisbeerglasflügler und viele weitere gehören zur illustren Kundschaft.

Mein Tipp Die Raupen von C-Falter und Stachelbeerspanner entwickeln sich innerhalb der Gartensaison, einem Winterschnitt steht also nichts im Wege. Ein Problem sind aber die Larven der Stachelbeerblattwespe. Diese geselligen Vielfraße entlauben einen Strauch in Rekordzeit. Sie müssen abgesammelt werden, sonst kommt die Stachelbeere auf keinen grünen Zweig mehr und die Beeren verkochen bei Hitze regelrecht.

Robuste Ertragssorten

- 'Hinnonmäki Gelb': Gelbliche Beeren, früh reifend. Stark bestachelt
- 'Invicta': Grüngelbe Beeren
- 'Redeva': Rote Früchte, die nur gering behaart sind

STECKBRIEF

- die Wildform wird 1 m hoch und ebenso breit
- unscheinbare Blüten von April bis Mai
- für Sonne bis Schatten
- mag nährstoffreiche, gern lehmige Böden
- essbare Beeren ab Juli
- Zweige mit Stacheln
- keine Ausläufer

Gewöhnliche Stockrose *Alcea rosea*

Stockrosen als Raupenfutterpflanze? Klingt ungewöhnlich, was auch daran liegt, dass der Malven-Dickkopffalter (*Carcharodus alceae*) so versteckt arbeitet. Seine grauen Raupen mit dem gelben Halsband und dem schwarzen Kopf (Bild unten links) wohnen gern im Grünen, daher schneidern und falten sie sich den Blattrand geschickt zu einem Schlafsack, wo sie ungestört und ungesehen fressen können. Der Fraßschaden an der Pflanze hält sich in Grenzen und fällt nicht negativ auf.

Der Falter im braun-schwarz-grauen Flecktarnmuster selbst ist leicht zu übersehen. Er kommt bei einem Angebot an Stockrosen mit ein bisschen Glück in den Garten. Die Pflanze mit den imposanten Blütenkerzen in vielen Farben begeistert uns sowie die Hummeln und Bienen im Hochsommer. Sie ist erfreulich anspruchslos und gedeiht sogar in Pflasterfugen an der Hauswand, aber genauso gut im Staudenbeet.

Mein Tipp Der Malven-Dickkopf überwintert als Raupe an der Basis seiner Futterpflanze. Sie verpuppt sich in einer Blatt-Tasche am Malvenlaub. Bei den Stockrosen ist es daher ausreichend, die alten Blütenstängel abzuschneiden und den Rest ungestört zu lassen.

STECKBRIEF

- *Höhe 100–250 cm, Breite 50 cm*
- *weiße, gelbe, rosafarbene, rote oder schwarze Blüten von Juli bis September*
- *bevorzugt Sonne oder Halbschatten*
- *für einen nährstoffreichen Boden, sehr trockenheitsverträglich*
- *manchmal nur zweijährig, oft aber mehrjährig*
- *blüht ab dem zweiten Jahr*
- *kinderleichte Anzucht aus Samen*

Rosmarin-Weidenröschen *Epilobium dodonaei*

Blätter wie Rosmarin, eine lange Blütezeit in Pink und noch dazu ein geringer Durst, das sind die Eckdaten dieser heimischen Schönheit. Das Rosmarin-Weidenröschen liebt Gartenplätze mit viel Stein oder Sand, daher passt es gut in Kiesbeete, wo es sich versamt und neue Plätze erobert. Im Gegensatz zu vielen anderen Weidenröschenarten gibt es sich aber zahm und wird nicht aufdringlich.

Hummeln, Honigbienen und auch winzige Wildbienen, wie Furchenbienen, besuchen die Blüten. Nach der Bestäubung reifen Samen an fedrigen Flugkörpern, die Kapselfrüchte öffnen sich im Reißverschlussverfahren, was besonders im Gegenlicht grandios aussieht. Die dicken Raupen von Nachtkerzen- und Fledermausschwärmer fressen am Laub.

Mein Tipp Im Kiesbeet lässt sich das Rosmarin-Weidenröschen mit Nachtkerzen, Gewöhnlichem Natternkopf, Zypressen-Wolfsmilch, Katzenminze und Kleinblütiger Bergminze kombinieren. Farblich besonders gut harmonieren rosafarbener Schmetterlingsflieder und Rote Spornblume – ein Angebot, das Falter nicht ausschlagen können.

Sorte

- 'Monte Grappa': Besonders große und zahlreiche Blüten

STECKBRIEF

- *Höhe 30–100 cm, Breite 40 cm*
- *rosafarbene Blüten von Juli bis September*
- *mag Sonne oder Halbschatten*
- *bevorzugt einen sandigen oder kiesigen, humusarmen Untergrund ohne Staunässe*
- *Staude oder Halbstrauch, auf mageren Böden ausdauernder*
- *sät sich auf offenem Boden selbst aus*
- *für das Blackbox-Gardening geeignet*
- *wird von Nacktschnecken verschmäht*

Schmalblättriges Weidenröschen

Epilobium angustifolium

Dieses große Weidenröschen mit den schlanken Blütenkerzen belebt Kahlschläge im Wald rasch wieder und ist sich auch für Ruderalflächen nicht zu fein. Im Garten allerdings ist es mit Vorsicht zu genießen, da es zu den Weltmeistern im Wuchern zählt und viel Pioniergeist mitbringt. Es bildet nicht nur Ausläufer, sondern erobert mit Flugsamen rasch bis dahin unbesiedelte Beete, gerne auch im Nachbarort. Viel zahmer und umwerfend schön sind die Sorten, die sich nur in homöopathischen Dosen selbst aussäen.

Hummeln und Schmetterlinge, vor allem Weißling, lieben die Blüten des Schmalblättrigen Weidenröschens. Als Raupenfutterpflanze wird die Staude von vielen Arten genutzt, am prominentesten sind Mittlerer Weinschwärmer, Labkraut- und Fledermausschwärmer sowie die sagenhaft hübsche Spanische Fahne.

Mein Tipp Vielleicht haben Sie einen halbschattigen, abgetrennten Gartenbereich frei, an dem sich das Weidenröschen ungeniert austoben darf. Es eignet sich gut zur Bodenbefestigung. Dazu passen weiße Herbst-Anemonen, wogende Gräser und Herbst-Eisenhut (*Aconitum carmichaelii*).

STECKBRIEF

- *Höhe 80–120 cm, Breite 40 cm*
- *rosafarbene Blüten von Juli bis September*
- *für einen sonnigen bis halbschattigen Platz*
- *liebt einen nährstoffreichen, frischen Boden, gern auf Lehm*
- *Staude*
- *reichliche Selbstaussaat und Ausläuferbildung*
- *keine Gefahr durch Nacktschnecken*

Sorte

- ‘Album’: Weiße Blüten, kaum Versamung
- ‘Stahl Rose’: Hellrosa Blüten, 60–80 cm hoch, versamt sich wenig

Blut-Weiderich *Lythrum salicaria*

Kerzengerade steht der Blut-Weiderich im nicht allzu trockenen Beet oder am Teichrand und bildet im Hochsommer pinkfarbene Blütenlanzen. So hat er Signalwirkung für Hummeln und Schmetterlinge. Vor allem Weißlinge und Zitronenfalter sind ganz versessen auf die Blüten. Noch bevor sie aufgeblüht sind, schaut verstohlen die zweite Generation des Garten-Bläulings vorbei und legt Eier an die Knospen. Als Entschädigung für die abgefressenen Blüten ist die Raupe immerhin genauso leuchtend pink wie ihr Futter und man muss sich schon bemühen, die asselförmige, breite Larve überhaupt zu finden. Die Puppe hängt an einem Blatt auf der Futterpflanze, fällt im Herbst aber meist zu Boden.

Mein Tipp Wenn Sie einen Teich haben, pflanzen Sie den Blut-Weiderich zur Freude des Garten-Bläulings reichlich in die Sumpf- oder Flachwasserzone. Gute Nachricht auch für Landratten: Die Pflanze wächst zur Not auch im ganz normalen Blumenbeet, sofern es humos und lehmig genug ist. Vor allem die Sorten sind anpassungsfähig und passen gut zu Breitblatt-Phlox.

Sorten

- 'Blush': Hellrosafarben mit dunkler Mitte. 70 cm hoch
- 'Feuerkerze': Sehr hoch, bis 150 cm
- 'Robert': Standfeste Sorte, bis 80 cm hoch
- 'Stichflamme': Großblumige Auslese

STECKBRIEF

- *Höhe 100–120 cm, Breite 40 cm*
- *pinkfarbene Blüten von Juli bis September*
- *für Sonne bis Halbschatten*
- *bevorzugt feuchte Böden, für Teiche geeignet, bis 5 cm Wassertiefe*
- *heimische Staude*
- *bildet keine Ausläufer*
- *keine Gefahr durch Schnecken*

Weinraute

Ruta graveolens

Dieser kleine, herrlich duftende Strauch ist in allem eine Ausnahmeerscheinung. Obwohl der Schwalbenschwanz am liebsten Doldenblütler für die Eiablage auswählt, verschmäht er das graulaubige Rautengewächs mit den gelben Blüten nicht. Er scheint, so wie wir, den wirklich unbeschreiblichen Duft zu mögen – man möchte die Pflanze immerzu kuscheln, so gut riecht sie. Im steinigen Kräutergarten ist sie daher mit ihrer Küchenkompetenz als altes Würzkraut gut aufgehoben und macht neben anderen trockenheitsverträglichen Pflanzen, wie Salbei oder Gewöhnlichem Dost, eine gute Figur.

Die Blüten werden von Faltern, Bienen und Schwebfliegen besucht. Die Weinraute ist also ein empfehlenswerter Gartenbewohner und passt mit ihren geringen Ausmaßen einfach überall hin, wo es sonnig genug ist.

Mein Tipp Die zierliche Weinraute kann auch prima als blühender Buchsbaumersatz Verwendung finden. Als Hecke gepflanzt begrenzt sie Beete mit ihrem edlen graugrünen Laub – und riecht dabei auch noch besser als Buchs. Ihrem Wärmebedürfnis kommt es entgegen, sie an Steinwege, Mauern oder in die Kräuterspirale zu setzen.

Sorte

- 'Jackman's Blue': Besonders schönes blaugrünes Laub

STECKBRIEF

- *Höhe 40–100 cm, Breite 50 cm*
- *gelbe Blüten von Juni bis Juli*
- *für einen sonnigen bis halbschattigen Platz*
- *mag einen warmen Platz mit nährstoffarmem, trockenem Boden*
- *immergrüner Halbstrauch mit verholzender Basis*
- *keine Gefahr durch Nacktschnecken*
- *Berührung bei Sonne kann unter Umständen die Haut reizen*
- *Duftpflanze*
- *Küchenkraut*
- *Heilpflanze*

Eingriffeliger Weißdorn *Crataegus monogyna*

Wenn Sie keinen Platz für eine Eiche in Ihrem Garten haben, ist der Weißdorn die ideale Zweitbesetzung. Er kann sich als Schnitthecke dünn machen oder als Hochstamm den Hausbaum geben. Gartentiere macht er rundum zufrieden. Die weiße Blüte zur schönsten Zeit des Jahres lockt Bienen an, die roten Früchte werden von Vögeln verspeist, außerdem können sie im dornigen Geäst geschützt nisten.

Als Raupenfutterpflanze ist der Weißdorn einer der angesagtesten Sträucher der heimischen Flora. Die Weißdorneule und Weißdorn-Spinner sind schon dem Namen nach echte Fans, andere Mitesser sind Segelfalter und Baum-Weißling, allerdings sind diese recht selten. Insgesamt wird die Zahl der Falterarten, die am Strauch fressen, mit über 50 angegeben.

Mein Tipp Die roten Früchte schmecken roh recht fade, lassen sich aber zu einer Marmelade verarbeiten, die durch Zugabe von Apfelsaft und Gelierzucker angenehm süß und fruchtig wird.

Sorten

- 'Compacta': Kugelkrone auf Hochstamm mit 2–4 m Höhe und 1,5–3 m Breite. Guter Hausbaum
- 'Flexuosa': Korkenzieher-Weißdorn mit gedrehten Trieben. Schwachwachsend, bis 3 m Höhe und Breite
- 'Stricta': Säulenform von 6–7 m Höhe, aber nur 2–3 m Breite. Auch als Hochstamm erhältlich

STECKBRIEF

- *die Wildform wird 5–8 m hoch und 5–6 m breit*
- *weiße Blüten im Mai und Juni*
- *mag Sonne bis Schatten*
- *für einen nährstoffreichen, kalkhaltigen Boden*
- *heimischer Strauch*
- *Tiefwurzler, erträgt daher Trockenheit gut*
- *dornige Zweige*
- *im Sommer reifen rote, essbare Früchte*
- *sommergrün mit gelber Herbstfärbung*

Zypressen-Wolfsmilch *Euphorbia cyparissias*

Sie ist die Wolfsmilch im Schafspelz und viel besser als ihr Ruf. Zugegeben, sie treibt Ausläufer und drängelt sich überall vor, ist im dicht bewachsenen Staudenbeet aber nicht konkurrenzstark genug und lässt sich allzu leicht unterbuttern. Dafür begrünt sie Mauerkronen, Magerwiesen und trockene Extremstandorte, die andere Pflanzen nicht mit der Kneifzange anpacken würden – Hauptsache, es ist sonnig genug. Ihr nadelbäumchenähnlicher Austrieb ist herrlich weich, danach zeigen sich grünliche, nach Honig duftende Blüten, die bei kleinen Wildbienen, manchen Schmetterlingen und Fliegen beliebt sind. Die Fruchtstände verfärben sich rötlich.

Die bunten Raupen des Wolfsmilchschwärmers gehören zu den schönsten Gästen, außerdem können die Karden-Sonneneule, der Wolfsmilchspinner, der Wolfsmilch-Glasflügler und viele andere an der heimischen Staude fressen.

Mein Tipp Bekommt die Wolfsmilch im Staudenbeet ein bisschen Raum zwischen dichten, dominanten Pflanzen wie Storchschnabel, Russel-Brandkraut, Stockrose, Katzenminze oder Echtem Salbei, bildet sie schöne Tuffs mit ihrer weichen Silhouette und den lang haltbaren Fruchtständen.

Sorte

- **'Fens Ruby'**: Beim Austrieb weinrote Blätter, die später vergrünen

STECKBRIEF

- *Höhe 15–50 cm, Bodendecker*
- *hellgrüne Blüten von April bis Juni*
- *für einen sonnigen bis halbschattigen Platz*
- *bevorzugt einen trockenen, mageren Standort, gern auch steinig*
- *Staude*
- *bildet Ausläufer*
- *kein Schneckenfraß*

Gewöhnlicher Wundklee *Anthyllis vulneraria*

Dieser Klee sieht wirklich sehr niedlich aus: Seine gelben, kugeligen Blütenstände mit der grünen Halskrause sind weißlich und kuschlig behaart, was ihm eine Reihe von Spitznamen, wie Bärenklee oder Watteblume, eingebracht hat. Das Laub ist ebenso adrett und sein Benehmen tadellos, sodass die heimische Staude genauso gut im Beet wie in der Blumenwiese aufgehoben ist. Düngen und Wässern können und sollten unterbleiben, denn der Wundklee ernährt sich mit Hilfe seiner langen Wurzeln sowie Luftstickstoff sammelnden, befreundeten Bakterien ganz gut allein – ein echter Macher also für das unbekümmerte Gärtnern auf magerem, trockenen Boden.

Die Blüten werden gern von Hummeln und Schmetterlingen besucht. Das Laub ist wertvoll für einige Bläulinge, unter anderem für die Raupen vom Zwerg-Bläuling und vom Wundklee-Bläuling. Der Zwerg-Bläuling legt seine Eier an die Blüten ab, wo die braunen Raupen später fressen.

Mein Tipp Die Anzucht aus Saatgut ist erfreulich einfach. Für schnelle Erfolge können Sie die Pflanze ab Februar im Haus vorziehen, oder einfach im März direkt ins Freiland säen. Die Samen werden nur leicht eingeharkt.

STECKBRIEF

- *Höhe 10–40 cm, Breite 30 cm*
- *gelbe oder leicht orangefarbene Blüten von Juni bis August*
- *mag Sonne bis Halbschatten*
- *verträgt dank seiner tiefgreifenden Wurzeln trockenen Boden, der mager und kalkhaltig sein darf*
- *mag keine Düngung*
- *Staude*
- *Heilpflanze*
- *sät sich selbst aus*

Lockangebote für Falter

Schneefelberich (*Lysimachia clethroides*) mit Kaisermantel.

Nektarpflanzen

Da haben wir sie am liebsten: Bunte Falter auf bunten Blumen. Viele der hier vorgestellten Pflanzen sind aber sogar jugendfrei und ernähren nebenbei so manche Raupe.

Echter Alant *Inula helenium*

Nicht nur Sonnenblumen können groß und gelb sein: Der Echte Alant aus Südeuropa ist eine pflegeleichte, winterharte Staude von mächtiger Statur. Viele Einzelblüten erscheinen im Hochsommer an hohen Stängeln, die mit graufilzigen Blättern geschmückt sind. Die Pflanze geht in die Breite und sät sich selbst aus, dagegen hilft das Entfernen der alten Blüten vor der Samenreife. Schmetterlinge, zum Beispiel Kleiner Fuchs, Tagpfauenauge, Distelfalter und Kaisermantel, setzen sich zahlreich auf die gelben, immer etwas zerzausten Blüten, auch Löcherbienen kann man mit der Pflanze erfreuen. Die Wildstaude ist in jedem Fall eine imposante Bereicherung für den Naturgarten mit Showeffekt.

Mein Tipp Je nach Platzangebot muss es nicht unbedingt der raumgreifende Echte Alant sein. Ebenso wertvoll sind kleinere Arten, zum Beispiel der Schwert-Alant (*Inula ensifolia*), der mit der Sorte 'Compacta' sogar noch kleiner ist, und den Sie locker im Steingarten und im Beetvordergrund unterbringen können. Auch der Raue Alant (*Inula hirta*) bleibt schön klein. Für den feuchten Teichrand ist die verblüffend ähnliche Telekie (*Telekia speciosa*) besser geeignet als der Alant.

STECKBRIEF

- *Höhe 1,80–2 m, Breite 1 m*
- *gelbe Blüten von Juli bis August, manchmal Nachblüte bis September*
- *mag Sonne bis Halbschatten*
- *für einen nährstoffreichen, humosen und eher frischen Boden*
- *europäische Staude*
- *Heilpflanze*
- *Selbstaussaat*

Alpenbalsam *Erinus alpinus*

Auch an steinigen, trockenen Standorten lassen sich Schmetterlingspflanzen unterbringen. Der Alpenbalsam ist das blühende Nischenprodukt für solche Plätze, denn er kommt aus den Kalkalpen und kennt sich mit Geröll, Felsbrocken und prekären Lagen bestens aus. Er eignet sich für Steingärten ebenso wie für begrünte Dächer und Mauerfugen, schließlich ist er schwindelerregende Höhen gewohnt. Sogar in einem Balkonkasten nimmt er Platz und eignet sich daher für das Gärtnern auf wenig Raum. Wo er genug Luft zur freien Entfaltung seiner Persönlichkeit hat, bildet er niedrige, flächendeckende Polster, die rosa blühen und in der Masse duften. Dem können Schmetterlinge nicht widerstehen: Nachdem sie sich an den Steinen aufgewärmt haben, naschen sie am Alpenbalsam. Für Wanderfalter ist er ein duftender Rastplatz: Vor allem Reisegruppen von Distelfaltern gönnen sich auf einer großen Fläche der Staude gern mal eine ausgiebige Pause.

Mein Tipp Gut zu Gesicht stehen dem Alpenbalsam andere niedrige Stauden für steinige Plätze, wie Polster-Glockenblume, Zypressen-Wolfsmilch und Berg-Lauch (*Allium lusitanicum*).

Varietäten und Sorten

- *Erinus alpinus* var. *albus*: Weiße Blüten
- 'Dr. Hähnle': Karminrosa Blüten, 10 cm hoch

STECKBRIEF

- *Höhe 5–20 cm, polsterbildend*
- *rosa Blüten von Mai bis Juli*
- *für Sonne oder Halbschatten*
- *mag kalkhaltige, steinige Standorte, die trocken und mager sein dürfen*
- *immergrüne Staude*
- *für Dachgärten und Balkonbepflanzung geeignet*
- *leicht durch Teilung zu vermehren*

Glattblatt- und Raublatt-Aster

Symphyotrichum novae-angliae, S. novi-belgii

Die nordamerikanischen Astern-Schwestern versüßen nicht nur uns den Abschied vom Sommer, sondern auch den Tagfaltern. Kleiner Fuchs, Admiral, C-Falter, Tagpfauenauge und Zitronenfalter besuchen die rosafarbenen oder blauen Blüten mit dem gelben Zentrum, auch Bienen sind mit dabei. Die lange Blütezeit verspricht Falterfreuden vom Spätsommer bis in den Herbst hinein, wenn der Rest des Gartens schon keine Lust mehr hat. Die unter dem Sammelbegriff Herbst-Astern zusammengefassten Staudenarten sollten daher trotz ihrer Übersee-Herkunft in unseren Gärten nicht fehlen – sie passen in den klassischen Bauerngarten ebenso wie in moderne Gräserbeete.

Mein Tipp Raublatt-Astern leiden weniger unter Mehltau als die Glattblatt-Astern, dafür neigen sie aber untenrum zum Verkahlen ihrer Stängel, sodass ihnen andere Stauden als Vorpflanzung gut stehen, wie Fette Henne oder Oktober-Margeriten, die auch bei Faltern beliebt sind.

Sorten

- *S. novae-angliae* 'Alma Pötschke': Pinkfarbene Blüten, niedriger Wuchs
- *S. novae-angliae* 'Rosa Sieger': Rosafarbene, große Blüten
- *S. novae-angliae* 'Violetta': Dunkle Blüten, hoher Wuchs
- *S. novi-belgii* 'Dauerblau': Sehr späte, dunkelblaue Blüten
- *S. novi-belgii* 'Rosenquarz': Standfest, rosa mit sehr schmalen Blütenblättern
- *S. novi-belgii* 'Weißes Wunder': Weiße Blüten

STECKBRIEF

- *Höhe 80–160 cm, Breite 80 cm*
- *rosa, weiße oder blaue Blüten von August bis Oktober*
- *für Sonne oder Halbschatten*
- *mögen einen nährstoffreichen, ausreichend feuchten, lehmigen Boden*
- *durch Teilung zu vermehren*
- *nordamerikanische Stauden*

Echter Baldrian *Valeriana officinalis*

Mit Baldrian im Garten sind alle beruhigt: Katzen lieben die heimische Staude ebenso wie Tagfalter, Schwebfliegen, Honigbienen und Hummeln. Besonders Kleine Füchse tummeln sich an sonnigen Tagen auf den zart rosafarbenen Blüten an hohen Stängeln. Stieglitze plündern die fedrigen Fruchtstände.

Als altgediente Heilpflanze enthält der Baldrian im Wurzelstock reichlich beruhigende Substanzen. Für sein eigenes Nervenheil braucht er aber einen ausreichend feuchten Standort, da er nicht gern trockene Füße hat. Daher passt er an den Teichrand zusammen mit Blut-Weiderich. Wenn Sie in Dürrezeiten ein Auge auf ihn haben und ihn ausreichend wässern, wächst er aber auch in einem normalen, nicht allzu trockenen Gartenboden noch gut. Übrigens gibt es beim Abschneiden der alten Blütenstängel mit der Gartenschere ein ploppendes Geräusch – sie sind nämlich hohl und lassen sich nach dem Trocknen im Bienenhotel verbauen.

Mein Tipp Für trockene Böden ist der Hohe Goldbaldrian (*Patrinia scabiosifolia*) geeignet. Diese asiatische Wiesenstaude ist dem Echten Baldrian bis auf die goldige Farbe in allem sehr ähnlich. Sie bringt das sonnige Staudenbeet zum Leuchten und lockt ebenfalls Falter an.

Sorten

- 'Bullerian': Höchster Wirkstoffgehalt, ansonsten wie die Wildform

STECKBRIEF

- *Höhe 70–120 cm, Breite 60 cm*
- *hellrosa Blüten von Juni bis August*
- *für Sonne oder Halbschatten*
- *mag einen nährstoffreichen, ausreichend feuchten, lehmigen Boden*
- *treibt kurze Ausläufer*
- *heimische Staude*
- *Heilpflanze*

Blaunessel *Agastache rugosa*

Diese asiatische, gut winterharte Staude ist wie gemacht für kleine Gärten, da sie mit ihrer langen Blütezeit in kühlem Blau den ganzen Sommer über große Freude bereitet. Für Hummeln ist die Pflanze ideal, weil sie relativ spät blüht, wenn andere Stauden schon in den Sommerferien sind. So müssen die Völker keinen Hunger leiden. Auch Schmetterlinge fühlen sich zu den Blütenkerzen hingezogen, vor allem Weißlinge sowie Admiral, Kleiner Fuchs und Tagpfauenauge. Empfehlenswert sind auch die Hybridsorten und die sehr ähnliche Duftnessel (*Agastache foeniculum*), sowohl für Falter als auch für den Gärtner, denn ihre aromatischen Blätter können Sie wie die der Blaunessel als Tee zubereiten. Gut standfest sind beide Arten.

Mein Tipp In jeder Hinsicht perfekte Partner für die Blaunessel sind Roter Scheinsonnenhut, Woll-Ziest, Prachtscharte und Fackellilien-Hybriden (*Kniphofia*) in den Sorten 'Ice Queen' und 'Green Jade', die farblich gut passen und eher dezent daherkommen.

Sorten

- 'Alabaster': Weiße Blüten
- 'Alba': Ebenfalls weiß
- 'Black Adder': Große Hybride mit dunklen Blüten und langer Blütezeit
- 'Blue Fortune': Hybride, standfest und kompakt
- 'Golden Jubilee': Gelbliches Laub, blaue Blüten

STECKBRIEF

- *Höhe je nach Sorte 60–120 cm, Breite 40 cm*
- *blaue Blüten von Juli bis September, ohne Frost sogar bis Oktober*
- *asiatische Staude für Sonne bis Halbschatten*
- *mag trockene, sandige Böden, verträgt aber auch jeden normalen Gartenboden ohne Staunässe*
- *horstiger Wuchs, keine Ausläufer*
- *Duft- und Heilpflanze*

Gewöhnlicher Dost *Origanum vulgare*

Wenn es im Garten nur Platz für eine einzige Pflanze gäbe, wäre der Gewöhnliche Dost die Idealbesetzung: Ganz egal, welche Insekten in Ihrer Nachbarschaft wohnen, sie würden alle drängeln, um die rosafarbenen Blüten zu besuchen. Diese Staude schafft es, Wildbienen, Hummeln, Honigbienen, Schwebfliegen und Schmetterlinge gleichermaßen anzuziehen. Vögel fressen im Winter die Samen. Uns bietet sie aromatisches Laub für die mediterrane Küche. Ebenfalls an den Blättern interessiert sind die Raupen von Purpurrotem und Gold-Zünsler.

Die Kultur dieses Allrounders unter den heimischen Stauden ist sehr einfach, er gedeiht auf jedem Boden, der nicht staunass ist, sieht aber auf trockenen, nährstoffarmen Böden viel besser aus und ist standfester. Auch im Blumenkasten am Balkon kann er wachsen.

Mein Tipp Das amerikanische Pendant zum Gewöhnlichen Dost ist die silberblättrige Grannenlose Scheinbergminze (*Pycnanthemum muticum*) mit ebensolcher Beliebtheit bei allen Insekten. Die beiden Stauden sehen zusammen gut aus, obwohl sie geografisch Welten trennen.

Sorten

- 'Album': Weiße Blüten
- 'Compactum': Nur 20 cm hoch, buschig und reichblühend
- 'Country Cream': Weißbuntes Laub
- 'Goldtaler': Gelbe Blätter
- 'Thumbles Variety': Grün-gelbes Laub, 25 cm hoch, für absonnige Standorte

STECKBRIEF

- *Höhe 20–70 cm, Breite 30–80 cm*
- *rosafarbene Blüten von Juli bis September*
- *mag Sonne, Halbschatten oder lichten Schatten*
- *verträgt trockene; magere Böden, wächst aber auch an nährstoffreichen Plätzen*
- *sät sich selbst aus*
- *heimische Staude*
- *Gewürz- und Heilpflanze*

Gewöhnlicher Efeu *Hedera helix*

Der unscheinbare Efeu mit dem Image eines Friedhofsgewächses als Falterfreund? Das ist er tatsächlich, sogar in mehrfacher Hinsicht. Berankt er eine Wand, nutzen ihn Nachtfalter als schummrigen Schlafplatz, der angenehm trocken und warm ist. So können sie sich gut vorgewärmt ins Nachtleben stürzen. Die kugeligen Blütenstände, die nur an älteren Pflanzen erscheinen, sind bei Tagfaltern eine beliebte Nektarbar: Admiral, Distelfalter und Tagpfauenauge sind an sonnigen Tagen garantiert dort zu finden, zusammen mit Schwebfliegen und der sich immer weiter nach Norden ausbreitenden Efeu-Seidenbiene. Der Garten-Bläuling legt Eier an den Blütenknospen ab.

Mein Tipp Eine Alternative ist Strauch-Efeu, der nicht klettert, aber üppig blüht. Ohne eine Mauer im Rücken ist er kein ganz so kuschliges Tagesversteck, alle anderen Voraussetzungen erfüllt er aber mit Bravour. Eine rankende Ergänzung zum Efeu für sonnige bis halbschattige Plätze ist *Clematis tangutica* 'Anita', eine spät blühende weiße Waldrebe, die von Bienen und Schmetterlingen besucht wird (Seite 27).

STECKBRIEF

- *kann über 20 m hoch ranken, wenn man ihn lässt*
- *unscheinbare gelbliche Blüte von September bis Oktober*
- *für Sonne, Halbschatten oder Schatten*
- *mag einen humosen Boden*
- *schwarze, giftige Beeren reifen in Büscheln im Winter heran*
- *immergrün*
- *langlebig und robust*

Sorten

- 'Arborescens': Strauch-Efeu, bis 1,5 m hoch
- 'Arbori Gloss': Schmaler Strauch-Efeu mit glänzendem Laub
- 'Variegata': Weißbuntes Laub, schwachwachsend, bis 6 m hoch kletternd
- 'Zorgvlied': Reich blühender Strauch-Efeu, nur 1 m hoch

Argentinisches Eisenkraut *Verbena bonariensis*

Blüten mit Aussicht, das bietet dieses südamerikanische Eisenkraut den Schmetterlingen und Hummeln. Die schlanke Pflanze mit den schlaksigen Blütenstängeln hat schon länger einen Platz in der Gartengestaltung inne, da sie Leichtigkeit und ein vertikales Element in die Beete bringt, sich dabei aber angenehm dünn macht und nie aufdringlich wird. Leider sind unsere Winter in der Regel zu kalt und so stirbt die Staude meist ab, erhält sich aber selbst durch Aussaat.

In der Beliebtheit bei Tagfaltern kann die Pflanze es locker mit dem Schmetterlingsflieder aufnehmen, braucht aber weniger Platz und ist mit seiner langen Blütezeit in kleinen Gärten eine Alternative.

Mein Tipp Die Selbstaussaat klappt am besten in neuen Beeten, die noch viel Raum für die Entfaltung von Sämlingen bieten. Sind andere Stauden erst einmal etabliert, hat es das Eisenkraut schwer, von selbst Fuß zu fassen. Dann sollten Sie Jungpflanzen in Töpfen vorkultivieren und als größere Exemplare zwischen die vorhandenen Stauden einpassen.

Sorte

- 'Lollipop': Kleine Sorte, steril

STECKBRIEF

- *Höhe 100–150 cm, Breite 30 cm*
- *lila Blüten von Juli bis Oktober*
- *für Sonne oder Halbschatten*
- *mag jeden normalen Gartenboden ohne Staunässe*
- *kurzlebige Staude, die nur in milden Regionen den Winter überlebt*
- *sät sich selbst aus*
- *wegen der Frostempfindlichkeit ist Frühjahrspflanzung zu empfehlen*
- *keine Gefahr durch Schnecken*

Wiesen-Flockenblume *Centaurea jacea*

Die heimische Staude hat viele Verehrer: Wildbienen, Schwebfliegen und Schmetterlinge besuchen sie. Uns gefällt ihre robuste Natur, ihre Trockenheitstoleranz und einfach ihre in großer Zahl erscheinenden rosa Korbblüten, die an Kornblumen erinnern. Ich kenne sogar eine öffentliche Fläche, wo der Rasenmähermann liebevoll um die feschen Flockenblumen herummäht. Das zeigt schon, dass sie sich in nicht allzu sehr gedüngten Rasenflächen wohlfühlt. Von Hause aus besiedelt sie Trockenrasen und Wiesen. Sie können sie ebenso gut im Beet unterbringen oder in eine Blumenwiese für Schmetterlinge setzen, wo sich Widderchen, Distelfalter, Schachbrettfalter, Weißlinge, Dickkopffalter, Taubenschwänzchen und viele andere von ihr angezogen fühlen. Einige Nachtfalter fressen als Raupen an den Blättern.

Mein Tipp Die Wiesen-Flockenblume ist in guten Saatmischungen für Blumenwiesen enthalten. Sie können sie aber auch ganz gezielt heranziehen. Die Samen werden ab März ausgesät und nur leicht mit Erde bedeckt. Sie keimen leicht und sofort, brauchen also keinen Kältereiz.

Alternative

- Skabiosen-Flockenblume (*Centaurea scabiosa*): Ähnliche Ansprüche, rosafarbene Blüten von Juni bis August, bis 120 cm hoch

STECKBRIEF

- *Höhe 30–70 cm, Breite 40 cm*
- *rosa Blüten von Juni bis Oktober*
- *mag Sonne oder Halbschatten*
- *bevorzugt lehmige, trockene, nährstoffarme Böden*
- *heimische Staude*
- *sät sich selbst aus*

Wald-Geißblatt *Lonicera periclymenum*

Rosen am Rosenbogen sind zwar hübsch, aber kratzbürstig. Das rankende Wald-Geißblatt ist dagegen pazifistisch und lässt sich auch an sehr schmalen Durchgängen einsetzen. Auch an Pergolen oder Lauben sorgt es für ein Blätterdach mit großen, exotisch wirkenden Blüten. Rote, aber leider giftige Beeren schmücken zusätzlich und sind bei Singvögeln begehrt.

Die gelblichen, rosa angehauchten Blüten, die erst am Abend anfangen zu duften, sind eigentlich als Lockstoff für Nachtfalter, besonders Schwärmer, gedacht, werden tagsüber aber von Taubenschwänzchen, Gammaeule und Garten-Hummel besucht. Am Laub lassen sich mit viel Glück Raupen vom Hummelschwärmer und mit ganz unverschämtem Glück Larven vom Kleinen Eisvogel beobachten. An meiner Pflanze spuken Geißblattgeistchen – winzige Falter, deren Flügel aussehen wie aus einzelnen Vogelfedern zusammengesteckt.

Mein Tipp Das Wald-Geißblatt ist nicht nur wegen seines Duftes eine Pflanze, die Sie dicht an die Terrasse setzen sollten: Nach Einbruch der Dunkelheit können Sie mit einer Taschenlampe bewaffnet an den Blüten beeindruckende Flugobjekte beobachten, wie den imposanten Ligusterschwärmer.

STECKBRIEF

- *Höhe 2–6 m, Breite bis 2,5 m*
- *gelb-rosafarbene Blüten von Juni bis zum ersten Frost*
- *für Sonne, Halbschatten oder lichten Schatten*
- *mag am liebsten nicht zu trockene, nährstoffreiche Böden, wächst aber auch auf Sand*
- *glänzend rote, giftige Beeren in Gruppen*
- *sommergrün*
- *rankende, verholzende Triebe, die am liebsten an senkrechten Streben nach oben wachsen*
- *im Frühjahr leicht aus Stecklingen zu vermehren*

Kriechender Günsel *Ajuga reptans*

Viele Gartenbesitzer haben Angst vor dieser heimischen Staude, die durch Ausläufer gern große Bereiche unter ihre Fuchtel bringt. Man muss ihr aber zugutehalten, dass die Blattrosetten sich auch leicht wieder jäten lassen. Besonders die dekorativen Sorten mit dem bunten Laub sind empfehlenswert und bringen das pralle Leben in schattigere Bereiche unter Sträuchern und Bäumen.

Im Mai erscheinen die blauen Blütenkerzen und ziehen Hummeln und Schmetterlinge an. Vor allem die Weißlinge sind ganz versessen auf die Pflanze, wie Aurorafalter, Grünader-Weißling und Zitronenfalter. Auch Dickkopffalter (im Bild der Dunkle *Erynnis tages*) sowie Hummel- und Skabiosenschwärmer besuchen die Blüten gern.

Mein Tipp Die Auslesen der Wildart eignen sich gut für den Gehölzrand, wo sie als wartungsarme Bodendecker dienen. Hier lassen sie sich mit Stauden kombinieren, die einiges an Durchsetzungsvermögen mitbringen, wie Wald-Geißbart, Taubnesseln oder Vielblütige Weißwurz. Die hohe Sorte 'Catlin's Giant' kann als schattenverträgliche Antwort auf die Katzenminze gelten.

STECKBRIEF

- *Höhe 10–15 cm, Bodendecker*
- *blaue Blüten von Mai bis Juni*
- *für Sonne bis lichten Schatten*
- *mag nährstoffreiche Böden, die auch feucht sein dürfen*
- *heimische Staude*
- *immergrün*
- *treibt Ausläufer*

Sorten

- 'Black Scallop': Dunkelrotes Laub, wüchsig
- 'Braunherz': Braunrote Blätter, die nach außen heller werden
- 'Catlin's Giant': Riese mit 30 cm Höhe
- 'Sanne': Weiße Blüten
- 'Variegata': Weißbuntes Laub

Kugel-Lauch *Allium sphaerocephalon*

Er ist die perfekte Art für Gärtner, die wenig Platz für Zierlauch mit ausufernden Blattstrukturen haben. Der Kugel-Lauch ist der Schmalhans unter den Zwiebelgewächsen und passt einfach überall hin. Seine späte Blütezeit im Sommer, wenn die Verwandtschaft schon wieder unter der Erde weilt, ist eine weitere praktische Eigenart.

Die Lauch-Maskenbiene, die auf sommerblühende Laucharten spezialisiert ist, kommt am Kugel-Lauch an den begehrten Pollen. Auf den eiförmigen Blüten tummeln sich außerdem weitere Wildbienen, Hummeln, Honigbienen und zahlreiche Falter: Vom Kohlweißling über Dickkopffalter bis zum Bläuling ist alles dabei. Die Fruchtstände, die erst knackig grün sind und später verbräunen, zieren den ganzen Winter über.

Mein Tipp Der trockenheitsverträgliche Kugel-Lauch ist eine Frohnatur, die nur unter zu viel Schatten oder Staunässe leidet. Ein Charakterkopf ist er daher in sonnigen Kiesbeeten, wo er fantastisch zu Federgras, Kugel-Disteln, Spornblumen oder Mannstreu-Arten (*Eryngium*) aussieht. Für eine gute Fernwirkung sollten Sie möglichst viele Zwiebeln setzen. Die beste Pflanzzeit ist zwischen September und Oktober.

STECKBRIEF

- *Höhe 70–100 cm, Breite 20 cm*
- *lila Blüten von Juni bis Juli*
- *mag Sonne oder Halbschatten*
- *liebt magere, eher trockene Böden*
- *das Laub erscheint schon im Herbst wieder und überwintert*
- *sät sich selbst aus*
- *heimische Zwiebelpflanze*

Lavendel *Lavandula sp.*

Bei keiner Pflanze macht der Rückschnitt so viel Spaß – umgeben vom feinsten aller Düfte. Solange (vor allem im Winter) keine Staunässe herrscht, wächst Lavendel auf jedem Gartenboden gut und ist ausreichend winterhart. Er braucht nur Sonne zum Glücklichsein und ausreichend Platz um sich herum, damit er sich richtig ins Zeug legen kann. Wohl fühlt er sich daher auf Mauern, im Beetvordergrund und im Kiesgarten. Honigbienen und Hummeln lieben die Blüten ebenso wie Schmetterlinge: Distelfalter, Weißlinge, Segelfalter, Kleiner Fuchs, Zitronenfalter und Bläulinge sind die häufigsten Blütenbesucher.

STECKBRIEF

- *je nach Sorte 40–80 cm hoch und 50–80 cm breit*
- *blaue Blüten je nach Art von Juni bis Juli oder Juli bis August*
- *für Sonne oder Halbschatten*
- *mag einen mageren, trockenen Boden*
- *keine Gefahr durch Nacktschnecken*
- *sät sich auf offenem Boden selbst aus*

Mein Tipp Beim Lavendel ist der richtige Schnitt wichtig, sonst wird er langbeinig und verkahlt unten herum. Schneiden Sie daher alles Verblühte im Sommer ein paar Zentimeter unterhalb der Blütenstängel ab. Ein weiterer Schnitttermin liegt im Frühjahr, dann können Sie ihn um die Hälfte einkürzen.

Arten und Sorten

- *L. angustifolia* 'Hidcote Blue': Blüten intensiv blau, kompakt, bis 40 cm hoch
- *L. angustifolia* 'Two Seasons': Blüht im Juni und ein zweites Mal im September, 40–50 cm hoch
- *L. × intermedia* 'Fragrant Memories': Blüte von Juli bis August, bis 80 cm hoch; stark duftend
- *L. × intermedia* 'Hidcote Giant': Blüht von Juli bis August, bis 60 cm hoch; besonders beliebt bei Insekten

Taubenkropf-Leimkraut *Silene vulgaris*

Man wundert sich, warum diese heimische Staude nicht öfter gepflanzt wird, wo sie doch mit ihren kleinkarierten Puffärmel-Blüten in Pastellfarben so gekonnt das Kindchenschema bedient. Dabei ist sie auch noch ein Muster an Genügsamkeit, braucht keinen Dünger und zapft mit ihren langen Wurzeln verborgene Wasserreserven an, daher entfällt auch das Gießen. Das Leimkraut ist eine Multifunktionspflanze für Schmetterlinge. Vor allem Nachtfalter und hier hauptsächlich Eulenarten und Schwärmer besuchen die Blüten. Mehrere Spanner, die Karden-Sonneneule, die Haldenflur-Nelkeneule und die Leimkrauteule fressen an der Pflanze. Wie bei vielen Nelkengewächsen ernähren sich auch hier einige Arten von den Samenkapseln, wie der Geschmückte Taubenkropf-Blütenspanner sowie die Violettbraune und die Leimkraut-Kapseleule.

Mein Tipp Die Staude bedeutet nicht nur Dolce Vita für Falter: In Italien ist das Taubenkropf-Leimkraut unter dem Namen Stridolo als Delikatesse bekannt. Die Triebe werden im Frühjahr bodennah abgeschnitten und dann gedünstet oder als Beigabe in Pastasoßen oder im Risotto verwendet. Der Geschmack erinnert an Erbsen. Die Blattrosette wächst nach der Ernte einfach weiter, somit ist die Pflanze für die Schmetterlinge nicht verloren.

STECKBRIEF

- *Höhe 20–50 cm, Breite 40 cm*
- *weiß-rosafarbene Blüten von Mai bis September*
- *mag Sonne oder Halbschatten*
- *bevorzugt magere, trockene Böden, die kalkhaltig sein sollten*
- *heimische Staude*
- *Duftpflanze*
- *leicht aus Samen zu ziehen*

Gewöhnliche Nachtviole *Hesperis matronalis*

Es hat ein bisschen gedauert, bis ich wusste, wen ich da vor mit hatte: Nach Erdarbeiten und ganz viel Nichtstun wuchsen plötzlich große Rosetten mit langen, weichen Blättern – die Samen hatten wohl jahrelang in der Tiefe verschlafen. Im nächsten Jahr gaben sich die Überraschungsgäste als Nachtviolen zu erkennen und blühten so zahlreich, dass wandernde Distelfalter das Angebot nicht ausschlagen konnten. Auch Hummeln und Schwebfliegen waren dabei.

Die Blüte dieser meist zweijährigen Pflanze aus Südosteuropa ist üppig, duftend, lang anhaltend und von stattlicher Statur. Nachtviolen locken mit ihrem Duft, der ab dem Abend besonders ausgeprägt ist, auch Nachtfalter an. Kohlweißlingsraupen können an den Blättern fressen, allerdings trifft die Pflanze anscheinend nicht den Massengeschmack – an meinen Pflanzen fand ich jedenfalls keine Larven. Auch der Aurorafalter nutzt die Pflanze gelegentlich zur Eiablage.

STECKBRIEF

- *Höhe 60–70 cm, Breite 40 cm*
- *rosafarbene bis violette Blüten von Mai bis Juli, in warmen Jahren schon ab April*
- *für Sonne, Halbschatten oder lichten Schatten*
- *für einen nährstoffreichen, humosen Boden ohne Staunässe*
- *zweijährig, manchmal mehrjährig*
- *wird von Schnecken nicht angerührt*
- *Duftpflanze*
- *sät sich selbst aus*

Mein Tipp Die Nachtviole ist eine typische Pflanze der Bauern- und Rosengärten. Sie passt durch ihre lange Blütezeit auch gut zu Breitblättrigen Platterbsen und Bart-Nelken. Die weiße Form hellt dunkle Gartenecken auf.

Sorte

- 'Alba': Weiße Blüten

Bart-Nelke

Dianthus barbatus

Die Bart-Nelke hat's nicht leicht: Zum einen gilt sie als hoffnungslos altmodisch, zum anderen hat sie auch noch einen Bart, immerhin einen grünen. Sie hat sich aber in jedem Fall einen Platz im Garten verdient, blüht sie doch im Sommer lange mit großen Blütenständen, die von Weiß bis Dunkelrot alles bieten können, gern auch mehrfarbig. Außerdem ist die meist zweijährige Pflanze leicht aus Samen zu ziehen, sie blüht im Jahr nach der Aussaat. Schmetterlinge lieben die Blüten. Manch Kleiner Fuchs ist so versessen auf die Bart-Nelken, dass er den Garten gar nicht mehr verlässt. Manchmal schauen Hummeln vorbei. Die winzigen Furchenbienen, die nicht an den tief verborgenen Nektar kommen, holen sich Pollen.

Mein Tipp Bart-Nelken passen gut auf die sonnige Seite von Breitblättrigen Platterbsen, wo sie das Fußvolk zur rankenden Staude abgeben. Grandios sehen sie auch zu Gewöhnlichem Dost aus. Wichtig für die Falter und Bienen sind ungefüllte Sorten.

Sorten

- 'Nigrescens'/'Sooty': Fast schwarze Blüten
- 'Bodestolz': F1-Sorte, die bei Aussaat ab Februar im Haus schon im selben Jahr blüht

STECKBRIEF

- *Höhe 30–70 cm, Breite 30 cm*
- *weiße, rosafarbene oder rote Blüten von Juni bis August*
- *für Sonne oder Halbschatten*
- *mag nährstoffreiche Böden, die nicht staunass sind, anspruchslos*
- *zweijährig oder kurzlebige Staude*
- *sät sich selbst aus*
- *ab Juni können neue Pflanzen aus den frischen Samen gezogen werden*

Karthäuser-Nelke

Dianthus carthusianorum

Alle ungefüllten Nelken sind eine beliebte Anlaufstelle für Schmetterlinge. Die Karthäuser-Nelke ist besonders zu empfehlen, da sie mit ihrer langen Blütezeit eine Konstante im flatterhaften Falterleben ist. Die Blüten schaukeln in kleinen Grüppchen auf langen Stielen vor sich hin und zaubern so ein Blütenmeer und einen federleichten Effekt in Steingärten, Kiesbeete und auf andere magere Standorte. Das Laub ist immergrün.

Die Weißbinden-Nelkeneule und andere Kapseleulen fressen in den Samenkapseln, wenn sie dafür zu groß geworden sind auch an den Blättern. An den Blüten saugen Zitronenfalter, Weißlinge, Schwalbenschwanz, Widderchen, Schwärmer und Dickkopffalter. So wird die Karthäuser-Nelke schnell zum Inbegriff des Sommers.

Mein Tipp Diese Nelke kann einfach überall eingesetzt werden. Durch ihre Anspruchslosigkeit bei hohem Lichtbedarf wächst sie auch in Balkonkästen, auf Mauerkronen oder begrünten Dächern. Wenn Sie also ebenerdig keinen Platz für eine Magerwiese haben, beleben Sie doch einfach das Dach des Carports. Gute Partner sind Margeriten, Schnittlauch, Zypressen-Wolfsmilch und Mauerpfeffer.

STECKBRIEF

- *Höhe 30–50 cm, Breite 30 cm*
- *purpurrote Blüten von Juni bis September*
- *bevorzugt Sonne oder Halbschatten*
- *für einen durchlässigen, mageren, kalkhaltigen Boden*
- *verträgt Trockenheit*
- *kurzlebige heimische Staude*
- *sät sich selbst aus*
- *keine Gefahr durch Schnecken*
- *essbare Blüten*

Sommer-Phlox *Phlox paniculata*

Schmetterlinge sind Feuer und Flamme für den Phlox, auch Flammenblume genannt, doch mein Garten mag die meisten Sommer-Phlox-Sorten leider gar nicht, und das beruht auf Gegenseitigkeit. Die Stauden kommen nur alle Jubeljahre mal zur Blüte, sind manchmal mehltauanfällig und immer kurz vorm Verdursten. Doch dann trat 'David' in mein Leben und seitdem klappt es mit der Flammenblume: Dieser weiß blühende Phlox ist ein echter Goliath und passt wie die anderen Sorten aus trockeneren Regionen Nordamerikas, die fälschlicherweise unter dem Namen *P. amplifolia* angeboten werden, viel besser zu den immer trockener werdenden Sommern. Er ist robust, standfest und kommt jedes Jahr zuverlässig zur Blüte, selbst an nicht optimalen, schattigeren Plätzen. Der Duft lockt Nachtfalter an, das Taubenschwänzchen gehört tagsüber zu den regelmäßigen Gästen.

Mein Tipp Phlox lässt sich durch Teilung leicht vermehren. Auch Kopfstecklinge des frischen Austriebs im Frühjahr bewurzeln leicht. So können Sie auch andere Gärtner beglücken.

Sorten

- 'Apanatschi': Blüten rosa mit dunklem Zentrum
- 'David': Blüten weiß, gute Mehltauresistenz
- 'Minnehaha': Blüten hellrosa, standfest
- 'Tecumseh': Blüten lilarosa in großer Zahl
- 'Waupee': Blüten weiß, kompakter als 'David'
- 'Winnetou': Blüten violett mit dunkler Mitte

STECKBRIEF

- *Höhe je nach Sorte 60–120 cm, Breite 50 cm*
- *rosafarbene, violette oder weiße Blüten von Juli bis September*
- *für Sonne oder Halbschatten*
- *bevorzugt durchlässige Lehmböden, ist aber bei ausreichend Humusgaben tolerant*
- *nordamerikanische Staude*
- *kaum schneckengefährdet*
- *Duftpflanze*

Ährige Prachtscharte *Liatris spicata*

Wenn Prachtscharten gepflanzt werden, stehen sie oft einzeln und etwas verloren am Beetrand, wo sie wie bestellt und nicht abgeholt wirken. Im östlichen Nordamerika wächst die Staude in feuchtem Marschland, in mäßig trockener Prärie oder auf Waldlichtungen zwischen Gräsern. So ein soziales Umfeld steht ihr auch im Garten ganz prächtig, wo besonders hohe, wildhafte Sorten mit ihren lilafarbenen Blütenkerzen Akzente setzen, wenn sie großzügig im Beet verteilt werden.

Es gibt noch weitere *Liatris*-Arten, wie die Ästige Prachtscharte (*L. scariosa*), doch *L. spicata* ist die am ehesten erhältliche. Die Blüten öffnen sich am Blütenstand übrigens von oben nach unten, was im Staudenreich schon ziemlich extravagant ist. Den Schmetterlingen ist das egal – zusammen mit Bienen sind sie ganz wild auf die Prachtscharte.

Mein Tipp Die Prachtscharte passt wunderbar in Präriebeete zusammen mit anderen amerikanischen Auswanderern. Gut geeignet sind Großblatt-Phlox, Herbst-Astern, Bartfaden oder Roter Scheinsonnenhut. Dazu noch die Rutenhirse (*Panicum virgatum*) und fertig ist die schmetterlingsfreundliche Mini-Prärie.

Sorten

- 'Alba': Weiße Blüten
- 'Kobold Original': Kompakte Sorte

STECKBRIEF

- *Höhe 30–120 cm, Breite 20 cm*
- *violette Blüten von Juli bis September*
- *für Sonne oder Halbschatten*
- *mag einen nährstoffreichen, humosen, nicht allzu trockenen Boden ohne Staunässe*
- *nordamerikanische Staude*
- *nicht schneckengefährdet*
- *gute Schnittblume*

Wiesen-Salbei *Salvia pratensis*

Von allen Salbei-Arten ist dies bestimmt die schönste und noch dazu einheimisch. Trotzdem wird das blaue Wunder nur selten gepflanzt, obwohl es sich überall gut eingliedert. In der Blumenwiese und bei der extensiven Dachbegrünung kann der Wiesen-Salbei sich beteiligen, passt aber auch gut in einen Kiesgarten oder ins Blumenbeet. Hummeln und Pelzbienen werden sich bedanken, Tagfalter und einige Schwärmer finden sich ebenfalls an den blauen Blüten ein, die in der Masse luftig und heiter wirken.

Die Blätter wachsen als Rosette und sind für einen Salbei ungewöhnlich groß und stark runzlig. Das Laub wird besonders von einigen Eulenarten wie der Messingeule und der Gammaeule als Raupenfutter geschätzt, außerdem vom Kleinen Nachtpfauenauge sowie einigen Bären und Spannern.

Mein Tipp Eine perfekte Ergänzung ist der Steppen-Salbei (*Salvia nemorosa*), der später blüht und somit die Versorgung von Schmetterlingen und Bienen nahtlos fortsetzt. Margeriten sehen besonders schön aus zum Wiesen-Salbei und haben Signalwirkung für alle möglichen Insekten.

Sorten

- 'Mittsommer': Violettblaue Blüten
- 'Pink Delight': Leuchtend pinkfarben
- 'Rosea': Blüht rosa
- 'Rose Rhapsody': Rosafarbene Blüten
- 'Swan Lake': Blüht strahlend weiß

STECKBRIEF

- *Höhe 40–60 cm, Breite 30 cm*
- *blaue Blüten von Mai bis August, ein Rückschnitt fördert eine Nachblüte im September*
- *mag Sonne oder Halbschatten*
- *bevorzugt einen trockenen, gern auch mageren Boden und verträgt Kalk*
- *würzige Blätter*
- *trockenheitsverträglich*
- *Selbstaussaat*

Roter Scheinsonnenhut *Echinacea purpurea*

Er ist der Klassiker im Staudenbeet für Schmetterlinge und eine stattliche Hochsommerblume. Die Wildform hat rosafarbene Blüten, mittlerweile gibt es aber eine schwindelerregende Anzahl an Sorten in allen möglichen Farben außer Blau. Solange die Blüten nicht gefüllt sind, können Sie hier aus dem Vollen schöpfen und ein Beet ganz nach Ihrem Geschmack gestalten. Die amerikanische Staude ist noch dazu gut trockenheitsverträglich und übersteht auch mal längere Durststrecken. Für Tagfalter ist der Sonnenhut ein beliebter Landeplatz und ein Garant für schöne Fotos der geflügelten Modells. Besonders Distelfalter scheinen die Pflanze zu lieben.

Mein Tipp Der Scheinsonnenhut treibt spät aus. Die Nachbarschaft von Stauden, die sich im Frühjahr vordrängeln und ihm die Sonne nehmen, verträgt er nicht. Achten Sie daher auf freien Stand. Das Argentinische Eisenkraut ist schön schlank, sodass es dem Scheinsonnenhut nicht zu aufdringlich wird. Mit Sicherheitsabstand sind auch Gräser, Prachtscharte und Margeriten gute Partner.

STECKBRIEF

- *Höhe 80–100 cm, Breite 30 cm*
- *rosafarbene Blüten von Juli bis September*
- *mag Sonne, Halbschatten oder lichten Schatten*
- *bevorzugt einen nährstoffreichen, durchlässigen Boden*
- *verträgt Trockenheit*
- *nordamerikanische Staude*
- *Heilpflanze*

Sorten

- 'Alba': Weiße Blüten
- 'Augustkönigin': Sehr wüchsig mit rosa Blüten
- 'Magnus Superior': Sehr hohe, vitale Sorte
- 'Pica Bella': Kompakt, sehr schmale rosafarbene Blütenblätter

Schmetterlingsflieder *Buddleja davidii*

Der chinesische Strauch ist zwar nicht von hier, bietet aber wie kein anderer mundgerechten Nektar in üppigen Blüten für sommerliche Tag- und Nachtfalter sowie Hummeln und Holzbienen. Er ist wie kein anderer in der Lage, ein Bild über die in der Gegend vorkommenden Schmetterlinge abzugeben oder die Tiere in den Garten zu locken und dezent auf Raupenfutterpflanzen hinzuweisen. Besonders die Riege der brennnesselfressenden Tagfalter lässt sich hier leicht beobachten. Die neuen, kompakten Züchtungen können Sie auch in Kleinstgärten und großen Kübeln unterbringen.

Es hält sich hartnäckig das Gerücht, dass das Laub keine Raupen ernährt, doch gibt es mittlerweile Nachweise von 19 Nachtfalterlarven, die angebissen haben, darunter Achateule, Flohkrauteule, Braunwurz- und Königskerzen-Mönch.

Mein Tipp Der Strauch breitet sich über Samen unkontrolliert überall aus. Mit einer sterilen Sorte können Sie ihm das Verwildern ganz bequem abgewöhnen. Doch auch eine Promenadenmischung großzuziehen, ist nicht verwerflich, solange Sie alles Verblühte konsequent wegschneiden.

Sorten

- 'Argus White': Kompakte, weiße Sorte, die kaum Samen bildet, bis 120 cm hoch
- 'Blue Chip': Blaue Blüten, aber keine Samen, bis 80 cm hoch

STECKBRIEF

- *Höhe 3–5 m hoch, Breite 2–3 m*
- *duftende Blüten, je nach Sorte in Weiß, Rosa, Pink oder Hellblau von Juli bis September*
- *für einen sonnigen bis halbschattigen Standort*
- *mag einen humosen oder mageren Boden*
- *ein Rückschnitt im Frühjahr verjüngt blühfaule Sträucher*

Echtes Seifenkraut *Saponaria officinalis*

Möchten Sie den Nachtfaltern rasch ein großes Menü servieren, das auf nahezu jedem Gartenboden gedeiht, ist das heimische Seifenkraut genau richtig. Mit seinen Ausläufern und den langen Trieben ist es hauptberuflich Bodendecker und lässt nur robuste Stauden durch sein dichtes Blätterdach wachsen.
Ein Zuviel ist aber leicht ausgerissen. Die in Büscheln erscheinenden rosafarbenen Blüten erinnern an Phlox und sehen aus wie kleine Propeller.

Schwebfliegen holen sich Pollen, Honigbienen und Hummeln beißen die lange Blütenröhre auf, um den Nektar zu stehlen. Eigentlich zielt die nachts duftende Pflanze aber auf Nachtfalter ab, die auch legal mit ihrem Rüssel bis zum Blütengrund gelangen. Besonders Schwärmer, wie Taubenschwänzchen, Winden- und Ligusterschwärmer lassen sich beobachten. Kapseleulenraupen fressen die Samen.

Mein Tipp Eröffnen Sie doch mal eine zünftige Nachtfalterbar von oben bis unten: Wald-Geißblatt als Kletterpflanze bildet das parfümierte Obergeschoss, das Seifenkraut mimt das ebenfalls duftende Fußvolk, daneben kann hoher Phlox wachsen, der die Mitte bildet. Durch den dichten Bewuchs ist das Beet sehr pflegeleicht.

STECKBRIEF

- *Höhe 50–80 cm, oft niederliegend, Bodendecker*
- *rosafarbene Blüten von Juli bis September*
- *mag Sonne oder Halbschatten*
- *anspruchslos, für frische oder trockene Standorte, die mager oder nährstoffreich sein können*
- *treibt Ausläufer*
- *keine Gefahr durch Nacktschnecken*
- *aus der zerriebenen Wurzel entsteht mit Wasser Seifenlauge*

Tauben-Skabiose *Scabiosa columbaria*

Taubenblaue Blütenköpfchen, die an langen Stängeln schweben – das ist das Markenzeichen der Tauben-Skabiose. Um eine Halbkugel herum, die wie ein Nadelkissen wirkt, tragen die Blütenköpfe einen gerüschten Kranz, der zur Fernwirkung beiträgt und Hummeln, Wildbienen und Schmetterlinge anlockt, besonders Widderchen, Dickkopf- und Schachbrettfalter. Die Knautien-Sandbiene ist auf diese Art sowie die Acker-Witwenblume spezialisiert. Während der erfreulich langen Blütezeit entwickeln sich nicht minder hübsche Fruchtstände, die kugelige Kunstformen darstellen. Die alten Fruchtstände dürfen den Winter überdauern und tragen zur Versamung bei, wenn die Singvögel etwas übrig lassen.

Mein Tipp Die Tauben-Skabiose ist eine Charakterart des Magerrasens, wo sie zusammen mit Wiesen-Salbei vorkommt. Haben Sie dafür keinen Platz, lässt sie sich auch mit einem Steingarten oder Kiesbeet abspeisen. Die kompakten, dauerblühenden Sorten eignen sich für Kübel und Blumenkästen mit guter Dränage, in denen es ja auch eher nährstoffarm zugeht.

Sorten und Alternative

- 'Butterfly Blue': Bläuliche Blüten, niedrige Sorte
- 'Pink Mist': Kompakt mit hell rosafarbenen Blüten, ungewöhnlich lange Blütezeit
- Wald-Witwenblume (*Knautia dipsacifolia*): Für Halbschatten und lichten Schatten am Gehölzrand, rosafarbene Blüte von Juni bis September

STECKBRIEF

- *Höhe 20–80 cm, Breite 30 cm*
- *blauviolette Blüten von Juli bis September*
- *liebt die Sonne und den Halbschatten*
- *wächst am besten auf einem mageren, trockenen, kalkhaltigen Boden ohne Staunässe*
- *heimische Staude*
- *wird von Schnecken gemieden*

Rote Spornblume *Centranthus ruber*

Die Spornblume ist eine Lebenskünstlerin. Sie gedeiht zwischen Steinen oder in Mauerritzen viel besser als im Beet – je schwieriger die Bedingungen, umso älter werden die Pflanzen. Trockenheit macht ihr gar nichts aus, dank ihres weitreichenden, mächtigen Wurzelwerks findet sie immer noch Reserven. Über ihre federleichten Flugsamen sucht sie sich stets neue, sonnige Plätze und findet zielsicher Standorte, die andere Stauden nicht haben wollen. Dort punktet sie als Dauerblüher in Rosa oder Weiß.

Hummeln mögen die Blüten. Unter den Schmetterlingen sind es Distelfalter, die die Spornblume besonders oft besuchen. Die Hauptattraktion ist das Taubenschwänzchen, das sogar schon als Raupe am Laub fressend beobachtet wurde.

Mein Tipp Die Spornblume ist für jeden Spaß zu haben: Aus lauter Verzweiflung habe ich mal Samen unter Ahornbäume gesät, wo es durch Wurzeldruck extrem trocken und auch recht schattig ist. Die Pflanzen gedeihen dort immer noch und blühen sogar.

Sorten

- 'Coccineus': Karminrote Blüten
- 'Albus': Blüht weiß
- 'Rosenrot': Hellrot

STECKBRIEF

- *Höhe etwa 60–80 cm, nach einigen Jahren sehr buschig*
- *rosarote Blüten von Juni bis September, nach milden Wintern schon im Mai*
- *liebt die Sonne, gedeiht aber auch im Halbschatten*
- *verträgt sehr trockene, magere und steinige Standorte*
- *stammt ursprünglich aus dem Mittelmeerraum, inzwischen eingebürgert*
- *wird von Schnecken gemieden*
- *mächtiges Wurzelwerk*
- *ein Rückschnitt nach der Blüte verlängert diese und auch die Lebensdauer der Staude*
- *an warmen Mauern sehr frosthart, sonst hilft ein leichter Winterschutz*

Gewöhnlicher Wasserdost *Eupatorium cannabinum*

Bei Waldspaziergängen ist diese heimische Staude ein gern gesehener Wegbegleiter, der sich bevorzugt an den Forstwegen oder auf Lichtungen aufhält. Stets sind die Blüten, die Farbtöne von Schlüpferrosa bis fast Pink annehmen können, belagert von allen möglichen Schmetterlingen, Schwebfliegen und Bienen, während der Besuch von Nachtfaltern meist im Verborgenen bleibt – eine stattliche Anzahl Arten frisst sogar als Raupen am Laub, zum Beispiel der Braune Bär.

Ob mit oder ohne Insektenbesuch, der hoch aufschießende Wasserdost ist mit seinen hanfähnlichen Blättern nicht zu übersehen – die Falter befinden sich stets auf bequemer Fotohöhe. Im Garten mag er einen nicht allzu trockenen Boden und kann sich stark versamen. Dafür fungiert er mit seiner Größe aber auch als üppig blühender Sommer-Sichtschutz, der im Frühjahr noch genug Licht auf die Zwiebelblumen durchlässt.

Mein Tipp Wenn Sie es etwas ausgefallener mögen und ganz viel Platz haben, pflanzen Sie den Purpurdost (*Eupatorium fistulosum*) aus Amerika. Die Sorte ‘Riesenschirm’, die ihren Namen völlig zurecht hat, wird bis zu 1,80 m hoch, blüht weinrot und wird auch hierzulande von Faltern und Bienen gemocht. Die Ansprüche an den Boden sind ähnlich.

STECKBRIEF

- *Höhe 100–150 cm, Breite 100 cm*
- *rosafarbene Blüten von Juli bis September*
- *für Sonne oder Halbschatten*
- *bevorzugt nährstoffreiche, feuchte Böden*
- *heimische Staude*
- *reichliche Selbstaussaat*

Ysop *Hyssopus officinalis*

Dieser Zwerg unter den Sträuchern, der schon im Mittelalter den Sprung über die Alpen schaffte und in keinem Klostergarten fehlen durfte, leidet nun etwas unter der Moderne, wo ihm der Anis-Riesenysop (*Agastache foeniculum*) aus Nordamerika den Rang abläuft. Schmetterlings- und Hummelmagneten sind beide, der Ysop kann sich aber besser als niedrige Einfassungshecke profilieren, die ohne starke Fröste sogar immergrün bleibt. Auch an sehr trockenen Standorten mit steinigem Untergrund, vor Mauern und in der Kräuterspirale kann er zeigen, dass er noch lange nicht zum alten Eisen gehört.

Unter den Schmetterlingen sind es vor allem Weißlinge, die ihn besuchen, außerdem Bläulinge, Tagpfauenauge und Kleiner Fuchs. Spatzen knabbern gern die Samen.

Mein Tipp Ein moderater Rückschnitt nach der Blüte und ein stärkerer im Frühjahr hält die Pflanze kompakt und blühfreudig. Wegen seiner Zwergenhaftigkeit braucht der Ysop Freiraum um sich herum, halten Sie große Stauden daher auf Abstand.

STECKBRIEF

- *Höhe 60–80 cm, Breite 30 cm*
- *blaue Blüten von Juli bis Oktober*
- *bevorzugt einen sonnigen, warmen Standort*
- *mag einen trockenen, mageren Boden, der steinig sein kann*
- *in milden Wintern immergrün*
- *geeignet für die extensive Dachbegrünung*
- *lässt sich über Stecklinge oder Samen vermehren*
- *Küchenkraut*

Sorten

- 'Albus': Blüht weiß
- 'Roseus': Mit rosafarbenen Blüten
- Zwerg-Ysop (*Hyssopus officinalis* subsp. *aristatus*): Nur 20–30 cm hoch; für Kübel und Kästen geeignet

Echter Ziest *Stachys officinalis*

Egal, ob Sie Ihren Garten für Wildbienen inklusive Hummeln oder für Schmetterlinge bepflanzen möchten: Mit dem schlanken, rosa blühenden Echten Ziest liegen Sie immer richtig. Die Art wächst brav horstig und macht nie Ärger. Da sie so zierlich ist, gehört sie in den Beetvordergrund oder an den noch einigermaßen sonnigen Gehölzrand, wo ihre Blütenkerzen gut zur Geltung kommen. Auch in der mageren Blumenwiese kann sie wachsen.

Zitronenfalter, Grünader-Weißling, Distelfalter und viele andere besuchen die Blüten gern. Wenn Sie blütenreiche Wiesen in der Nähe haben, ist mit hübschen Dickkopffaltern zu rechnen (Bild), oft schauen gleich mehrere auf einmal vorbei. Wenn Ihr Garten genug Ziestpflanzen bereithält, legen der Gelbe Fleckenspanner und der Heilziest-Dickkopffalter (*Carcharodus floccifera*) sogar Eier am Laub ab, Letzterer kommt aber nur in Süddeutschland vor.

Mein Tipp Der Echte Ziest kann im Frühling leicht aus Samen gezogen werden. Ein guter Nachbar ist der Dichtblütige Ziest (*Stachys monnieri*), auch ein Schmetterlingsmagnet, der etwas früher blüht.

Sorten

- 'Alba': Weiße Blüten
- 'Hummelo': Dunklere Blüten, die fast violett sind
- 'Pinky': Rosafarbene Blüten

STECKBRIEF

- *Höhe 20–70 cm, Breite 30 cm*
- *rosafarbene Blüten von Juni bis August*
- *für Sonne oder Halbschatten*
- *liebt nährstoffarme Lehmböden*
- *trockenheitsverträglich*
- *keine Gefahr durch Nacktschnecken*
- *heimische Staude*
- *Heilpflanze*

Großes Ochsenauge (Maniola jurtina) auf Acker-Witwenblume, dahinter eine Reseda.

Service

Weitere Ideen, viel Flatterhaftes für den Garten sowie Pflanzrezepte speziell für kleine Gärten und Balkons finden Sie hier, dazu hilfreiche Literatur und Internetseiten.

Noch mehr Raupenfutter und Nektarpflanzen

Schmetterlingshecke für kleine Gärten, mit Sortenangaben, falls die Wildform zu groß wird

Deutscher Name	Botanischer Name	Sorte	Höhe	Breite
Gewöhnlicher Blasenstrauch	*Colutea arborescens*		2,5–3 m	1–2 m
Gewöhnlicher Faulbaum	*Frangula alnus*	'Minaret'	2 m	0,5 m
Fingerstrauch	*Potentilla fruticosa*		0,2–1,5 m	1–1,5 m
Roter Hartriegel	*Cornus sanguinea*	'Winter Beauty', 'Anny's Winter Orange'	2–3 m	2,5–3 m
Gewöhnliche Hasel	*Corylus avellana*	'Rasteder Säule'	3 m	1,5 m
Rote Heckenkirsche	*Lonicera xylosteum*	'Compactum'	1,2 m	1,5 m
Blut-Johannisbeere	*Ribes sanguineum*		1,5–2 m	1,5–2 m
Gewöhnlicher Liguster	*Ligustrum vulgare*	'Lodense'	0,5–1 m	0,5–1 m
Pfaffenhütchen	*Euonymus europaeus*	'Brilliant'	2–4 m	1–2 m
Blaue Hecht-Rose	*Rosa glauca*		1,5–2 m	1–1,5 m
Purpur-Weide	*Salix purpurea*	'Nana'	0,7–1,5 m	0,5–1 m
Eingriffeliger Weißdorn	*Crataegus monogyna*	'Stricta'	6–7 m	2–3 m

Falterfreundliche, heimische Bäume für wenig Platz

Deutscher Name	Botanischer Name	Sorte	Höhe	Breite
Feld-Ahorn	*Acer campestre*	'Nanum'	4–6 m	3–5 m
Hänge-Birke	*Betula pendula*	'Youngii'	4–8 m	4–8 m
Eberesche	*Sorbus aucuparia*	'Autumn Spire', 'Fastigiata', 'Sheerwater Seedling'	3–12 m	1–6 m
Stiel-Eiche	*Quercus robur*	'Fastigiata'	15–20 m	3–4 m
Gewöhnliche Esche	*Fraxinus excelsior*	'Nana'	4–6 m	3–5 m
Hainbuche	*Carpinus betulus*	'Fastigiata'	10–15 m	4–6 m
Winter-Linde	*Tilia cordata*	'Green Globe', 'Lico', 'Monto', 'Rancho'	6–12 m	4–6 m
Schlehe	*Prunus spinosa*	'Reto'	2–3 m	2–3 m

Was zu beißen für die Grasfresser unter den Raupen

Deutscher Name	Botanischer Name	Schmetterlingsarten
Wiesen-Knäuelgras	*Dactylis glomerata*	• Komma-Dickkopffalter • Komma-Eule • Mauerfuchs • Rotbraunes Ochsenauge • Waldbrettspiel
Wiesen-Lieschgras	*Phleum pratense*	• Schachbrett
Pfeifengras	*Molinia caerulea*	• Mohrenfalter • Dreizack-Graseule
Einjähriges Rispengras	*Poa annua*	• Brauner Waldvogel • Großes Ochsenauge • Weißader-Eule
Weißes Schnabelried	*Rhynchospora alba*	• Großer Heufalter
Schaf-Schwingel	*Festuca ovina*	• Kleiner Heufalter • Komma-Dickkopffalter
Wiesen-Schwingel	*Festuca pratensis*	• Trockenrasen-Halmeulchen
Aufrechte Trespe	*Bromus erectus*	• Brauner Waldvogel • Großes Ochsenauge • Ockerbindiger Samtfalter • Rotbindiger Samtfalter • Schachbrett • Weißer Waldportier • Weißrandiger Mohrenfalter
Ausdauerndes Weidelgras	*Lolium perenne*	• Großes Ochsenauge • Ockerbindiger Samtfalter • Schwarzkolbiger Braundickkopffalter
Wald-Zwenke	*Brachypodium sylvaticum*	• Großer Waldportier

Stauden und Zweijährige als Nektarpflanzen

Deutscher Name	Botanischer Name	Besonderheiten
Ähriger Ehrenpreis	*Veronica spicata*	Blaue Blütenkerzen.
Entenschnabel-Felberich	*Lysimachia clethroides*	Weiße Blüten, treibt Ausläufer.
Purpur-Fetthenne	*Sedum telephium*	Rosafarbene Blütenteller im Spätsommer, Staude.
Behaarte Karde	*Dipsacus pilosus*	Zweijährig. Weiße Kugelblüten, bis 2 m hoch.
Wilde Karde	*Dipsacus fullonum*	Zweijährig, stachlig, bis 2 m hoch, sät sich aus.
Katzenminze	*Nepeta × faassenii*	Für Hummeln und Falter, Staude.
Kronen-Lichtnelke	*Silene coronaria*	Dunkelrote Blüten, immergrüne, behaarte Blätter. Zweijährig. Sät sich selbst aus.
Gewöhnlicher Natternkopf	*Echium vulgare*	Heimische Staude. Blaue Blüten, auch für Hummeln.
Breitblättrige Platterbse	*Lathyrus latifolius*	Rankende Staude mit rosa- oder pinkfarbenen Blüten.
Gewöhnliche Wegwarte	*Cichorium intybus*	Heimische Staude mit blauen Blüten und Pfahlwurzel.
Vogel-Wicke	*Vicia cracca*	Bis 1 m hoch kletternde, blaublühende Staude. Für Blumenwiesen oder Gartenzäune.
Gewöhnliche Wiesen-Schafgarbe	*Achillea millefolium*	Heimische Staude. Viele Sorten in warmen Farben.

Sommerblumen für Schmetterlinge, die auch in Kübeln und Kästen wachsen. Wählen Sie ungefüllte Sorten.

Deutscher Name	Botanischer Name	Besonderheiten
Duftwicke	*Lathyrus odoratus*	Rankende Einjährige, braucht eine Kletterhilfe.
Bunter Hohlzahn	*Galeopsis speciosa*	Heimisch, exotisch bunte Blüten.
Kornblume	*Cyanus segetum*	Auch bei Hummeln beliebt.
Kornrade	*Agrostemma githago*	Alte Ackerblume, heute selten geworden.
Echter Kugelamarant	*Gomphrena globosa*	Rosa Kugelblüten, zieht vor allem Weißlinge an.
Schmuckkörbchen	*Cosmos bipinnatus*	Viele Sorten, auch gute Bienenweide.
Indianer-Seidenpflanze	*Asclepias curassavica*	Blüht im Jahr der Aussaat und kann im Kübel frostfrei überwintert werden.
Sommeraster	*Callistephus chinensis*	Aus China, leicht aus Samen zu ziehen.
Sonnenblume	*Helianthus annuus*	Balkongeeignete, niedrige Sorten oder meterhoher Sichtschutz.
Spinnenblume	*Tarenaya hassleriana (Cleome spinosa)*	Nektarpflanze, aber auch Raupenfutter für Kohlweißlinge.
Studentenblume	*Tagetes*	Viele Sorten in Gelb und Orange.
Tithonia	*Tithonia rotundifolia*	Orangefarbene Blüten, aus Mexico.
Vanilleblume	*Heliotropium arborescens*	Blaue, duftende Blüten.
Wandelröschen	*Lantana camara*	Bei Taubenschwänzchen beliebt.
Ziertabak	*Nicotiana sanderae*	Für Nachtfalter.
Zinnie	*Zinnia elegans*	Viele Farben sorgen für Bauerngartenflair.

Frühlingserwachen für Falter

Deutscher Name	Botanischer Name	Blütezeit	Besonderheiten
Blaukissen	*Aubrieta sp.*	III–IV	Für Mauern.
Goldlack	*Erysimum cheiri*	IV–V	Kleiner Halbstrauch, trockenheitsverträglich.
Hyazinthe	*Hyacinthus orientalis*	III–IV	Langlebig, stark duftend. Für Sonne und Halbschatten.
Krokus	*Crocus*	II–IV	Viele Sorten und Arten mit verschiedenen Blühzeitpunkten.
Gefingerter Lerchensporn	*Corydalis solida*	III–IV	Liebt Plätze unter Laubgehölzen mit guter Humusauflage. Zieht im Mai ein.
Hohler Lerchensporn	*Corydalis cava*	III–IV	Wie Gefingerter Lerchensporn.
Alpenveilchen-Narzisse	*Narcissus cyclamineus*	III–IV	Sät sich selbst aus.
Kissen-Primel	*Primula vulgaris*	III–IV	Niedrige Staude. Am schönsten ist die schwefelgelbe Wildform.
Scharbockskraut	*Ranunculus ficaria*	III–IV	Die Wildart wuchert, Zuchtsorten wachsen eher horstig. Zieht im Mai ein.
Seidelbast	*Daphne mezereum*	III–IV	Kleiner Strauch bis 1,5 m hoch und breit, giftig.

Zum Weiterlesen

- **Aufderheide, Ulrike:** Rasen und Wiesen im naturnahen Garten: Neuanlage – Pflege – Gestaltungsideen. pala Verlag, 3 Auflage 2020.
- **Bellmann, Heiko:** Steinbachs Naturführer: Schmetterlinge einfach bestimmen. Verlag Eugen Ulmer, 3. Auflage 2022.
- **Gastl, Markus:** Permakultur & Naturgarten: Nachhaltig gärtnern mit dem Drei-Zonen-Modell. Verlag Eugen Ulmer, 2. Auflage 2021.
- **Goulson, Dave:** Wenn der Nagekäfer zweimal klopft: Das geheime Leben der Insekten. Carl Hanser Verlag 2016.
- **Hermann, Gabriel:** Tagfalter suchen im Winter: Zipfelfalter, Schillerfalter und Eisvögel. Books on Demand 2007.
- **Hintermeier, Helmut; Hintermeier, Margrit:** Schmetterlinge im Garten und in der Landschaft. Obst- und Gartenbauverlag des Bayerischen Landesverbandes für Gartenbau und Landespflege e.V., 2. Auflage 2005.
- **Klein, Angela:** Naturwerkstatt Schmetterlinge: Spielen, erfahren, beobachten: Mit Kindern die wundersame Welt der Schmetterlinge entdecken. AT Verlag 2016.
- **Thomas, Adrian:** Gärtnern für Tiere – Das Praxisbuch für das ganze Jahr. Haupt-Verlag 2013.
- **Schwarzer, Elke:** Heimische Pflanzen für den Garten. Verlag Eugen Ulmer, 3. Auflage 2022.
- **Schwarzer, Elke:** Mein Bienengarten. Verlag Eugen Ulmer, 2. Auflage 2020.
- **Schwarzer, Elke:** Meise mag Melisse. Verlag Eugen Ulmer 2020.
- **Settele, Josef; Steiner, Roland; Reinhardt, Rolf; Feldmann, Reinart:** Schmetterlinge: Die Tagfalter Deutschlands. Verlag Eugen Ulmer, 3. Auflage 2015.
- **Spohn, Roland; Spohn, Margit:** Bäume und ihre Bewohner: Der Naturführer zum reichen Leben an Bäumen und Sträuchern. Haupt-Verlag 2016.
- **Spohn, Roland; Spohn, Margit:** Blumen und ihre Bewohner: Der Naturführer zum reichen Leben an Garten- und Wildpflanzen. Haupt-Verlag, 2. Auflage 2020.
- **Ulrich, Rainer:** Schmetterlinge: entdecken und verstehen. Franckh Kosmos Verlag 2015.
- **Witt, Reinhard:** Natur für jeden Garten. 10 Schritte zum Natur-Erlebnis-Garten. Das Einsteigerbuch. Verlag Naturgarten, 3. Auflage 2018.

Im Netz

- **www.schmetterlingsforum.de**
  Alles über Schmetterlinge im Garten und Artbestimmung.
- **www.schmetterling-raupe.de**
  Bestimmungshilfe für Falter und Raupen, nach Monaten sortiert.
- **www.lepiforum.de**
  Bestimmungshilfe und Forum.
- **www.abenteuer-schmetterling.de**
  Tagfalter-Monitoring.
- **www.science4you.org**
  Meldungen von Wanderfalter-Sichtungen.
- **www.naturgarten.org**
  Alles rund um den Naturgarten.

Bezugsquellen

- **Staudengärtnerei Gaißmayer**
  Jungviehweide 3, 89257 Illertissen
  www.gaissmayer.de
- **Foerster Stauden**
  Am Raubfang 6, 14469 Potsdam-Bornim, www.foerster-stauden.de
- **Templiner Kräutergarten**
  Elsternest 1, 17268 Templin
  www.templiner-kraeutergarten.de
- **Baumschule Horstmann**
  Bergstraße 5, 25582 Hohenaspe
  www.baumschule-horstmann.de
- **Eggert Pflanzenhandel**
  Baumschulenweg 2, 25594 Vaale
  www.eggert-baumschulen.de
- **Pflanzenhof Schachtschneider**
  In den Bergen 37–39, 27801 Dötlingen-Aschenstedt
  www.schachtschneider.com
- **Jelitto Staudensamen**
  Am Toggraben 3, 29690 Schwarmstedt
  www.jelitto.com
- **Natural Bulbs**
  Blumenzwiebeln in Bio-Qualität
  Heemstede, Niederlande
  www.naturalbulbs.de
- **Rieger-Hofmann**
  Saatmischungen für Schmetterlings- und Wildbienenwiesen
  In den Wildblumen 7, 74572 Blaufelden-Raboldshausen
  www.rieger-hofmann.de
- **Stauden Stade**
  Beckenstrang 24, 46325 Borken-Marbeck, www.stauden-stade.de
- **Gärtnerei Strickler**
  Lochgasse 1, 55232 Alzey-Heimersheim, www.gaertnerei-strickler.de
- **Syringa Samen**
  Wildblumenmischungen, Bachstraße 7, 78247 Hilzingen-Binningen
  www.syringa-pflanzen.de
- **Sarastro-Stauden**
  4974 Ort im Innkreis 131, Österreich
  www.sarastro-stauden.com

Register

Bildquellen

Alle Fotos stammen von der Autorin, mit Ausnahme der folgenden:
Fischer, Bärbel: Seite 17 u.
Flora Press/Biosphoto/BrunoGuenard: Seite 54
Flora Press/Buiten-Beeld/Klaas van Haeringen: Seite 51
Die Zeichnungen fertigte Susanne Dinkel, Reutlingen.

Impressum

Die in diesem Buch enthaltenen Empfehlungen und Angaben sind von der Autorin mit größter Sorgfalt zusammengestellt und geprüft worden. Eine Garantie für die Richtigkeit der Angaben kann aber nicht gegeben werden. Autorin und Verlag übernehmen keine Haftung für Schäden und Unfälle. Bitte setzen Sie bei der Anwendung der in diesem Buch enthaltenen Empfehlungen Ihr persönliches Urteilsvermögen ein.
Der Verlag Eugen Ulmer ist nicht verantwortlich für die Inhalte der im Buch genannten Websites.

Anmerkung zur Schreibweise (Gendering): Gendergerechtigkeit und Inklusion sind bei uns gelebte Praxis – bei der Auswahl unserer Themen, bei der Recherchearbeit, in der Gestaltung. Unsere Texte meinen alle. Damit unsere Inhalte jedoch gut lesbar bleiben, verzichten wir in diesem Werk auf die jeweilige Mehrfachnennung oder Anpassung der Schreibweise bestimmter Bezeichnungen an die weibliche, männliche oder diverse Form.

Bibliografische Information der Deutschen Nationalbibliothek
Die Deutsche Nationalbibliothek verzeichnet diese Publikation in der Deutschen Nationalbibliografie; detaillierte bibliografische Daten sind im Internet über http://dnb.d-nb.de abrufbar.

Wollgrasweg 41, 70599 Stuttgart (Hohenheim)
E-Mail: info@ulmer.de
Internet: www.ulmer.de
Projektleitung: Doris Kowalzik
Lektorat: Sabine Drobik
Herstellung: Isabell Scherrieble, Silke Reuter
Umschlaggestaltung: Anette Vogt, red.sign, Stuttgart
Satz: Susanne Junker, red.sign, Stuttgart
Druck und Bindung: Westermann Druck, Zwickau
Printed in Germany

ISBN 978-3-8186-1634-2

MIX
Papier aus verantwortungsvollen Quellen
FSC® C110508
www.fsc.org